Sarkasmus pur

von

Luz de Santana

Ins Deutsche gesetzt
von Karin und Nicole Simon

ISBN 3-9800487-3-X
Verlag Lutz Simon
1. Auflage
Frankfurt am Main 2000

Printed in Germany by Books on Demand GmbH

Inhaltsverzeichnis

1.
Kurtis Abenteuer

Es gibt immer wieder Männer, deren einziges Hobby Frauen
sind.

Alles was sich aus der Nähe als weibliches Wesen entpuppt,
aus dem Kindergartenalter heraus ist und nicht im Altersheim
unter besonderer Beobachtung des dortigen Personals steht,
läuft Gefahr, zu Kurtis Jagdobjekten zu gehören. Jedes Frau,
ob blond, braun, schwarz oder rothaarig, von der Liliputanerin
bis zur hochgewachsenen Athletin von 2,35 m, ob Chinesin,
Afrikanerin, ob dick oder rappeldürr, wenn sie beim Zählen
bis 3 nicht auf dem nächsten Baum ist, handelte sie sich zumindest einen Flirt mit Kurti ein.
Dabei war es unerheblich, ob sie Junggesellin, verheiratet,
verwitwet oder geschieden war. Saß man mit Kurti im Lokal,
fielen ihm die Beine der Kellnerin, die Brust einer vorbeilau-
fenden Passantin, der Hintern der Bedienung im Weinlokal auf
und er machte lautstark irgendwelche anzüglichen Bemerkungen.

Ging man zu irgendwelchen Tagungen mit ihm und es saß ein
Pärchen an unserem Tisch, flüsterte er mir unauffällig zu, daß
die Frau besonders gut im Bett gewesen sei. Er habe sie letztes Jahr bei der Tagung des X- Verbandes kennengelernt.
Ständig gab es irgendwelche Probleme, weil ihm ein Ehemann
Prügel angedroht hatte, eine Sekretärin sich beschwerte, weil
sich seine Hand an nicht jeder Berührung frei zugänglichen
Körperteilen vergriffen hatte.
Ich mußte Streitigkeiten zwischen rivalisierenden Frauen
schlichten und behielt von ihm an irgendeine Dame gerichtete
oder ihm geschriebene Liebesbriefe oder Rendezvous in meiner Obhut. Dabei war Kurti verheiratet, war in der Zeit, von
der ich berichte, zwischen 50 und 60 Jahren alt, Vater zweier

verheirateter Töchter und ab einem bestimmten Zeitpunkt sogar Opa. Das hinderte ihn aber nicht, in seinem Beruf als Frauenheld kräftig weiterzuarbeiten. Ich hatte immer eine Anzahl Ausreden bereit, die ich seiner Frau, eine solide, keineswegs häßlichen Dame, die es mit der Mehrzahl seiner Eroberungen durchaus aufnehmen konnte, auftischen mußte.

Ständig war er mit irgendwelchen Frauen auf Dienstreisen und wenn ich ihn mehrmals in der Woche, meist in Lokalen, zu Gesicht bekam, hatte er immer irgendeine Frau bei sich, um die er sich unter Aufbietung all´ seines Charmes bemühte. Und Charme hatte Kurti, er konnte der häßlichsten Frau klarmachen, daß sie die schönste Frau der Welt sei, von allen begehrt und für ihn geschaffen. Meist endete das vertrauliche Beieinander in irgendeiner fremden Wohnung. Am nächsten oder übernächsten Tag erzählte er dann in allen Einzelheiten voller Begeisterung von dieser tollen Nacht, dem gemeinsamen Saunabesuch, usw..

Auf eine Episode will ich hier besonders eingehen, weil sie Kurti wieder einmal in eine brenzlige Situation brachte. Gegen 18 Uhr erhielt ich eines Tages einen Anruf von ihm, er müsse eine Angelegenheit noch heute mit mir besprechen. Die Zeit drängte, ich glaubte, es handle sich um einen Rechtsfall - Kurti war Jurist bei einem Amt - und es müsse heute noch eine Entscheidung fallen. So sagte ich zu dem Treffen zu, und er gab mir telefonisch eine mir unbekannte Anschrift, zu der ich noch innerhalb der nächsten Stunde kommen solle. Nachdem ich auf dem Stadtplan festgestellt hatte, wie ich am besten zu dem betreffenden Haus gelangen konnte, klingelte ich kurz vor 19 Uhr an einem mir unbekannten Haus bei einem Namen, der mir auch nichts sagte. Nachdem ich mein Glück mehrfach versucht hatte und gerade gehen wollte, öffnete sich die Haustür. Kurti öffnete leicht bekleidet, seine Hose war nicht richtig zugeknöpft und meinte: „Gut, daß Du

kommst. Er brachte mich in die Wohnung im 2. Stock, führte
mich ins Wohnzimmer, setzte mir eine Flasche Bier und ein
Glas vor und machte den Fernsehapparat an. „Ich bin gleich
wieder da, ich muß noch was erledigen! Mach´ es Dir inzwischen bequem!" Mit diesen Worten verschwand er, mir zu-
zwinkernd, im Nebenzimmer. Trotz des Lärms eines Films im
Fernseher konnte ich unschwer anhand der rhythmischen Ge-
räusche eines Bettes und des weiblichen Stöhnens und des
Tenors von Kurti erkennen, was er im Nebenzimmer noch
Dringendes zu erledigen hatte.

Ich entschloß mich schließlich zu gehen, als Kurti wieder auf-
tauchte. Im Schlepptau hatte er ein junges Mädchen, das zwischen 16 und 19 Jahren alt war. Wir tranken Bier, knabberten
irgendwelche Chips, besprachen den wichtigen Fall.
Kurti brauchte gegenüber seiner Frau ein Alibi. Ich sollte seiner Frau, falls sie mich am nächsten Tag anrufen würde, erklären, wir hätten bei mir im Büro einen Fall bearbeitet und er
habe dort - tatsächlich gibt es dort eine Couch und er hatte
einmal wirklich auf dieser Couch übernachtet, als er total betrunken war und ich ihn nicht einmal in eine Taxe bugsieren
konnte - geschlafen. Nachdem ich ihm hoch und heilig versprochen hatte, ihm, falls es erforderlich sein sollte, das benötigte Alibi zu geben, verabschiedete er sich gutgelaunt.
Bei nächster Gelegenheit fragte er mich beiläufig, ob seine
Frau angerufen habe, was ich guten Gewissens verneinte.
Dennoch müsse er mich noch heute sehen, es sei eine andere
Entwicklung eingetreten.

Sobald ich konnte, kam ich zu dem vereinbarten Treffpunkt,
einem kleinen Restaurant in der Innenstadt. Als ich eintrat,
konnte ich Kurti an der Theke sehen, er scherzte mit der Bedienung, die ihm gerade ein frisches Bier gebracht hatte und
das leere Glas abräumte. Ich bestellte auch ein Bier und fragte
ihn sofort: „Also, was ist los?" „Trink´ erst einmal Dein Bier.

Prost." Wir prosteten uns zu. „Also, komm´ zur Sache", begann ich nochmals. „Ja, mmh, Du hast doch gestern Caroline gesehen." Nun sagte mir der Name Caroline rein gar nichts. „Na, gestern abend, Du weißt doch." Das junge Mädchen von gestern hieß demnach Caroline. „Ja und?"
Er druckste etwas herum, konnte sich aber das Lachen nicht verkneifen.
„Heute früh", begann er, „ Du mußt wissen, sie ist Sekretärin" - er nannte mir irgendeine unbekannte Firma - „und muß um 8 Uhr im Büro sein. Sie ging um kurz nach 7 Uhr weg, nachdem wir gemeinsam gefrühstückt hatten. Ich habe bei ihr übernachtet." Darauf wäre ich wohl nicht gekommen, wenn er es nicht gesagt hätte.
„ Das war mir klar, ja und weiter." „Ich hatte nicht die Zeit, heute früh ist irgendeine Tagung, bei der ich zwar angemeldet bin, aber sowieso nicht hingehen wollte.
Also beschloß ich, im Bett zu bleiben und die eine Akte aus dem Büro in Ruhe im Bett zu lesen. Ich war auch ganz gut vorangekommen, als ich plötzlich Stimmen vor der Wohnungstür und einen Schlüssel im Schloß hörte. Mit einen Satz sprang ich aus dem Bett, ich hatte nur eine Unterhose an und raste zur Wohnungstür. Durch den Spion sah ich ein Paar mit verschiedenen Paketen in den Händen. Der Mann versuchte, die Tür aufzuschließen." Ich lachte, „und was hast Du gemacht?"
„Du lachst, Du blöder Hund", sagte Kurti, „was soll ich gemacht haben, ich hielt die Tür von innen zu. „Und dann", fragte ich gespannt. „ Die beiden drückten von außen, ich hielt von innen zu. Das ging eine Weile so, bis sich beide von außen gegen die Tür warfen und mich zur Seite drückten."
„Der Anblick muß berauschend gewesen sein." „Sie schauten mich entsetzt von oben bis unten an und sagten nach einer Pause, sie wollten Caroline sprechen."

„Was hast Du gesagt oder getan?",„Viel ist mir nicht eingefallen. Ich habe zunächst „Guten Tag" gesagt und dann, daß sie nicht hier ist. Sie fragten mich dann, ob sie die Pakete hier lassen könnten, was ich bejaht habe. Dann sind sie ziemlich schnell gegangen." „ Ist das das Ende der Geschichte", fragte ich lachend. „Nein, es geht noch weiter. Ich rief danach sofort Caroline an, es war aber ständig besetzt.
Schließlich bekam ich sie und schilderte ihr den Vorfall. Sie hörte nicht auf zu lachen. Sie schüttete sich aus, kannte aber offensichtlich die ganze Geschichte schon. Ihre Eltern hatten sie angerufen, die waren die beiden Leute gewesen, die ihr an ihrem 18. Geburtstag gratulieren wollten und die Geschenke mitgebracht hatten.

Der Vater habe ihr entrüstet berichtet, ein halbnackter Mann, so alt wie er selbst, sei in ihrer Wohnung gewesen. Zunächst hätten er und seine Frau ihn, also Kurti, für einen Einbrecher gehalten. Sie seien nach wie vor entrüstet. Ihr Vater überlege, ob er nicht gegen ihn vorgehen könne und wolle von ihr seinen Name und seine Anschrift.
Das habe sie aber abgelehnt. So schloß er, jetzt weißt Du alles. Rechtlich habe ich zwar nichts zu befürchten, aber wenn meine Frau oder meine Tochter erfahren, daß ich mit so jungen Dingern... ." „Ja, da kann ich Dir auch nicht helfen, da mußt Du halt abwarten und hoffen, daß nichts passiert."

Der Vorfall hatte keine weitreichenden Konsequenzen.
Frau und Töchter blieben unbehelligt. Wie es mit Kurti weitergegangen ist? Ja, er lebt ruhig und zurückgezogen irgendwo auf dem Land. Ich habe seit Jahren von ihm und seiner zweiten Frau nichts gehört.

Ach so, ich habe vergessen, daß sich seine erste Frau vor 7 Jahre scheiden ließ. Der Grund war wieder einmal eine andere Frau, die er in einem Lokal kennengelernt hatte, die seit

Jahren geschieden war und etwa 15 Jahre jünger als er war. Nein, es war nicht die große Liebe, er überspannte aber den Bogen. Er nahm seine Geliebte mit auf eine Party, auf der auch gemeinsame Bekannte von Kurti und seiner ersten Frau waren, so daß seine Ehefrau aus Gesten und Bemerkungen deutlich erkennen konnte, woran sie war. Sie verließ kurze Zeit später die Gesellschaft und ging allein nach Hause. Er kam sturzbetrunken gegen 2 Uhr nach Hause, pinkelte zunächst in den Schirmständer im Flur und fiel dann unter lautem Getöse ins Bett. Früh staunte er nicht schlecht, daß seine Frau seine gesamten Kleidungsstücke in 3 große blaue Müllsäcke gestopft hatte und ihn aufforderte, die Wohnung zu verlassen. Sie erklärte ihm, sie habe 30 Jahre seine Abenteuer geduldet, jetzt sei es aus, sie habe die Schnauze voll. Er solle zu seinen Liebchen ziehen.

Was blieb ihm anderes übrig, er tat es. Am meisten ärgerte ihn die Sache mit den Müllsäcken, wie er mir erzählte. Er wollte sich eigentlich nicht scheiden lassen, konnte es schließlich aber nicht verhindern.

Da Kurti sich allein fühlte und bei seiner Freundin wohnte, dauerte es nicht länger als ein dreiviertel Jahr und Kurti bat mich, für seine zweite Frau als Trauzeuge aufzutreten. Die Hochzeit dauerte einschließlich Hochzeitsessen, zu dem nur noch ein Paar eingeladen war, keine 1 1/2 Stunden.
Durch einen Hintereingang gingen wir im Eiltempo zum Standesbeamten und verschwanden auch so. Offensichtlich sollte von der Heirat niemand erfahren. Ich kam mir vor wie bei einer Blitzhochzeit von Greta Garbo oder, wenn der Nachwuchs bereits hinter der Tür wartet.

Das war der vorletzte Akt mit Kurti. Einige Zeit später rief er noch einmal von außerhalb an. Er erzählte, sie hätten ein Haus gebaut, das ich mir unbedingt einmal ansehen müsse. Er sei

pensioniert und komme kaum heraus, seine Frau arbeite in der
Stadt und fahre täglich hin und her.

Die Zeit vertreibe er sich mit kleinen Rechtssachen aus der
Umgebung. Außerdem hätten sie sich einen Hund angeschafft,
um den er sich kümmern müsse.
Das ist das Letzte, was ich von Kurti, dem Liebling aller Frau-
en, hörte.

2.
Der Steuerbescheid

Bescheide von Behörden haben immer etwas Beklemmendes,
Einschüchterndes. Das gilt insbesondere für Bescheide vom
Finanzamt, in denen eine Frist zur Zahlung und allerlei Dro-
hungen enthalten sind.
Völlig verunsichert ist man, wenn man nicht genau weiß, was
man tun soll.

So ging es unserem Steuerpflichtigen. Er hatte innerhalb von
3 Tagen 2 verschiedene Schreiben bekommen, mit denen er
nichts anzufangen wußte. Nach einer weiteren Woche bekam
er ein Schreiben, mit dem ihm die Vollstreckung angedroht
wurde.

Das erste Schreiben war offensichtlich ein wirksamer Bescheid gewesen, in dem ihm aufgegeben wurde, bis zum 8.
dieses Monats 0 DM Umsatzsteuer des letzten Jahres an die
Finanz-kasse zu zahlen. Wie er das veranlassen sollte, war im
unklar, da man heute bereits den 20. dieses Monats schrieb
und er auch nicht recht wußte, wie man 0 DM überweisen
konnte.
Mit dem zweiten Schreiben war er aufgefordert worden, endlich die Umsatzsteuererklärung für das vergangene Jahr bis
zum 30. dieses Monats einzureichen.
Das dritte Schreiben drohte ihm die Vollstreckung an, wenn er
nicht unverzüglich die 0 DM zahlen würde.
Zunächst beschloß der Steuerpflichtige beim Finanzamt anzurufen. Nachdem sich unter einer der angegebenen Telefon-
nummern eine Viertel Stunde lang niemand gemeldet hatte,
beschloß er, unter der anderen Telefonnummer anzurufen.
Dort war zunächst besetzt und dann meldete sich wieder niemand. Schließlich bekam er eine Dame, die um die Steuer-
nummer bat. Als er ihr das Problem erklärte, teilte sie ihm mit,

die zuständige Sachbearbeiterin sei bis Montag im Urlaub, er solle dann wieder anrufen. Das tat er dann auch und erhielt die Antwort, das Ganze sei ein Versehen des Computers, er brauche nichts zu tun. Sie werde einen Vermerk machen.
Nach ca. einer Woche wurde er wieder aufgefordert, die Steuererklärung abzugeben. Darauf beschloß er, an das Finanzamt zu schreiben.

Nach ca. 10 Tagen erhielt er ein Schreiben des Finanzamts, in dem dieses mitteilte, er solle doch den Einspruch zurücknehmen, da dieser keine Aussicht auf Erfolg habe. Das veranlaßte den Steuerpflichtigen dazu zu schreiben, er bedanke sich dafür, daß man auf einen Einspruch reagiere, den er nicht eingelegt habe, wenn man jetzt noch seinen Brief beantworte, den er an das Finanzamt geschrieben habe, sei er vollkommen glücklich. Daraufhin rief ihn die Sachbearbeiterin an, entschuldigte sich vielmals und meinte, sie habe geglaubt, es habe sich um das normale Einspruchsschreiben gehandelt.

Zwei Tage später ging ein neues Schreiben ein, daß ihn wegen der nicht abgegebenen Steuererklärung mit Schätzung und einem Strafverfahren drohte, obwohl er seine Erklärung bereits ein halbes Jahr vorher abgegeben hatte. Er besaß einen Steuerbescheid, der 0 DM von ihm forderte.
Voller Verzweiflung wandte er sich nochmals telefonisch an die Sachbearbeiterin. Es handelte sich um eine neue Kraft, die an die Stelle der früheren getreten war und von nichts wußte. Er versprach ihr nochmals, schriftlich den Sachverhalt darzustellen.

Mit großer Genauigkeit schilderte er die gesamten Umstände und schickte den Brief, nachdem er alle Vorgänge kopiert hatte mit Einschreiben und Rückschein an das Finanzamt. Nach einer Woche hatte er den Rückschein innerhalb von zwei Tagen in seinem Besitz und rief er nochmals beim Finanzamt an. Die Sachbearbeiterin erklärte, sie wisse von keinem Brief, ihr liege noch keiner vor.

Am selben Tag erhielt er einen Schätzungsbescheid, wonach er 2.100,- DM für die Umsatzsteuer des letzten Jahres zu zahlen habe und zwar innerhalb eines Monats. Jetzt war der Steuerpflichtige völlig verzweifelt.
Er wandte sich an einen Steuerberater, der ihm, nachdem er ihm den Sachverhalt erzählt hatte, riet, sich an einen Fachanwalt für Steuerrecht zu wenden. Dieser erreichte nach Androhung von Dienstaufsichtsbeschwerden und Vorsprachen beim Vorsteher des Finanzamts, daß alle Bescheide aufgehoben wurden. Dies teilte ihm das Finanzamt auch mit.
Weiter erhielt er ein Schreiben des Finanzamts, aus dem hervorging, daß man nicht wisse, warum er sich so aufrege und mit Dienstaufsichtsbeschwerde drohe.

Der Steuerbescheid ist zwar aufgehoben worden. Man will jetzt aber Säumnisgebühren vom Steuerpflichtigen in Höhe von 2.100,- DM haben, weil er den Betrag von 2.100,- DM aus dem Schätzungsbescheid nicht rechtzeitig gezahlt hat, obwohl er die 2.100,- DM nicht zahlen muß.

Er und sein Anwalt kämpfen noch. Wann die Sache abgeschlossen sein wird, ist noch nicht klar.

3.
Englisch ist „in"!

Nach dem 2. Weltkrieg setzte man von amerikanischer Seite aus alles daran, ein für alle mal das kriegerische, völlig unberechenbare Volk der Deutschen in den Griff zu bekommen. Eine der ersten Maßnahmen war es, die deutsche Schrift abzuschaffen. Danach machte man neben den durchaus löblichen Hilfsmaßnahmen auf allen Gebieten die Deutschen mit den über tausendjährigen kulturellen Errungenschaften Amerikas vertraut. Das ging mit Kaugummi los und hat bis heute kein Ende gefunden. Da die Deutschen - wie die Amerikaner und andere Völker zu Recht vermuteten - von Geburt an Extremisten sind, nein, nicht politisch, sondern im allgemeinen, Sie können auch sagen Perfektionisten, eigneten sie sich alles an, was fremd ist.
Außerdem bemühten sie sich, deutsche Kultur, Dichtung, Malerei, Architektur und Musik schnell zu vergessen und den großen Bruder Amerika zu kopieren.
Die Bevölkerung der DDR dagegen kopierte mit der gleichen „deutschen Gründlichkeit" den großen sowjetischen Bruder. Inzwischen ist der Anstoß aus Amerika nicht mehr nötig.
Die Generation von Journalisten, der sprechenden und schreibenden Zunft, Sportler, Politiker, Schauspieler, Unternehmer, Techniker, jetzt auch die Jugend meint inzwischen ohne Unterschied, man könne die deutsche Sprache wohl abschaffen. Selbst kleinste deutsche Worte werden durch englische, besser amerikanische Wörter ersetzt.

In Frankreich, Spanien und Italien - von anderen Ländern oder Völkern nicht zu sprechen - wäre das wohl kaum möglich. Waren die Deutschen früher „extrem" nationalistisch, so sind sie - was ihre eigene Sprache und Identität betrifft - heutzutage „extrem" anational.

Wollen wir doch einmal in ein Gespräch zweier „Yuppies",
einem Mann und einer Frau hineinhören:

„Hello, my dear, Du siehst ja cool aus. Du hast ja eine Figur
wie ein Model. Hast Du etwas Time?
Wir könnten in einem Fast-Food-Restaurant essen und einen
Hamburger, Whopper, Cheeseburger oder ein Chicken essen,
eine Cola trinken und später ein paar Cräcker einkaufen.
Oder wäre Dir ein Sandwich oder ein Hawaii-Toast lieber?"
„Eigentlich", meinte sie, „würde ich gerne zu einer Moden-
show gehen. Danach muß ich für meinen Mann etwas zum
Airport bringen. Kommst Du mit?" „Okay", sagte ich, get
ready!"

Schön gestylt kamen die Laufsteg-Beautys nacheinander herein. Es war wirklich der Hit. Das erste Model war im
Cowgirl-Look gekleidet, an den Füßen trug es braune Boots.
Das nächste Mannequin war besonders overdressed, es hatte
ein neckholder-Kleid an, auffällige Ohrclips von einem bekannten französischen Designer und über dem Arm trug sie
einen Blazer im Marine-Look. Die nächste Frau, im Stil der
Swinging-Sixties. Danach präsentierten junge Damen Bade-
mode.
Die Models trugen Push-up- Bikinitops, enge Bodies, einige
waren Short-Look gekleidet; überhaupt schien das Body-
Styling in zu sein. Szene- News waren Jersey-Tops mit Pants
und die Haare waren easy zu stylen, man brauchte keinen
Hairstylisten, so wie man vom Shower kam, ein kurzes
Durchkämmen genügte. Das Outfit war okay, das Feedback
stimmte, etwas Lotion, dann den Make-up-Recover und los
ging es zum Workshop oder zur Trekking-Tour; Power war
angesagt.

Nach der Modenshow rasten wir zum Airport, stellten den
Wagen in einen Car-Port. Sie nahm ihr Clip-Täschchen.

Sie überholten viele Reisende mit Roller-Cases und Reise-
plaids. In einem Travel-Bureau erkundigte sich die Frau nach
dem Check-In für den Flight nach London. Endlich kam ihr
Mann mit einen Bord-Case in der Hand. Sie übergab ihm die
Air-Mail, er verabschiedete sich, nachdem er eingecheckt
hatte und die Boarding Card von ihr in der Hand hielt.
Sie rief ihm nach: „Bring´ mir etwas aus dem Duty-Free-Shop
mit." Er nickte. „ Dein Mann ist wohl immer in Action, ein
richtiger Workaholic." „Das ist Business. Bei dem Job, den er
hat, muß man immer up to date sein, sonst ist man out." „Und
relaxen", fragte ich. „Ist nicht, das ist unser Lifestyle."
„Wie wäre es mit einem Drink, im Bistro da drüben gibt es
heute Happy Hour?" „Okay", sagte sie. Wir setzten uns dann
für eine halbe Stunde zu einem Small Talk zusammen. Sie erklärte, für ihre Freizeit hätte sie seit etwa 3 Wochen das In-
line-Skating entdeckt, das mache viel Spaß.
Aber im Prinzip hätte ich schon recht, ihre Ehe sei eigentlich
ein Flop, eine Great Story sei das Ganze schon lange nicht
mehr. Irgendwann werde sie wohl den Cut machen. Sie verab-
schiedeten sich, da sie im benachbarten Sky-Shop noch eine
Kleinigkeit einkaufen wollte.

Ach, Sie glauben, daß sei nur in der Modebranche oder beim
Flugverkehr so, weil dort vorwiegend englisch gesprochen
werde. Na, dann schalten Sie einmal eine Sportreportage im
Fernsehen von einem großen Tennisereignis ein.
Das hört sich etwa so an:

Vor dem Match begannen die Spieler mit etwas Stretching,
um die Strapazen des gestrigen Player-Dinners hinter sich zu
lassen. Die Kids und Teens kreischten, als die Spieler auf den
Center-Court gingen. Sie verbeugten sich und erhielten Stan-
ding-Ovations. A war eindeutig der Chief des Matches, seine
Returns waren besser, abwechselnd spielte er Slice und
Smash, während der Gegner mit hohen Bällen aus der Half -

Distance zu soft spielte. Ihm fehlte der Kick, sein Spiel war nicht string? Der letzte Point nahte, es hieß out, game, set und match. Der Match-Winner verließ den Center- Court, er hatte nicht an sein Limit gehen müssen, war in jedem Abschnitt fit, hatte das Match gut getimet.
Ach, Sie meinen, in anderen Sportarten sei das nicht so.
Dann hören Sie doch einmal in die Formel 1 hinein:

Die Wagen verließen die Pits zum Warm-up, Michael Sch. stand auf der Pole-Position, erst nach langem Kampf hatte er das Qualifying gewonnen.
Er saß in seinem Cockpit, ging die Check-Liste durch, der Countdown nahte. Die Wagen fuhren über die Startlinie, doch bereits in der ersten Runde kam es zu einem Crash, die verunglückten Wagen wurden von einem Truck abgeschleppt.
Die Jury überlegte, ob sie das Rennen abbrechen sollte.
Die rote Flagge wurde geschwenkt, die Wagen rollten aus.
Es erfolgte ein Time-Out. Einige Cops hinderten eine Gruppe von Rowdies, auf die Strecke zu laufen. Alle hatten Jeans und T-Shirts an und Pins auf den Hemden. Das Rennen wurde neu gestartet. Man fuhr hinter einem T-Car her. Der Rennwagen von Jackie Y. hatte das Handicap, von den Pits aus starten zu müssen. Es endete schließlich mit einer Big Sensation. Nicht das Hometeam dieser Strecke hatte gewonnen, sondern ein Underdog. Es endete mit einer Big Story der Woche.

Ich will Sie nicht mit dem Englisch im Business langweilen. Ständig begegnen uns die Worte: Ich glaube, wir können die Peanuts vergessen, mit denen sich diese Manager beschäftigen, wichtig ist das Feeling. Die müssen sich ständig mit ihren Konkurrenten in der eigenen Firma herumschlagen und sind dem Mobbing ihrer Kollegen ausgesetzt.
Der Background ist, daß alle an die Futterkrippe wollen, Money allein kann ihnen keine „happy days" verschaffen.

Und was lernt man daraus: That's life!

Don´t worry, be happy!

4.
Die Kirche und der Platz im Himmel

Etwas verwirrt schaute er sich um, die Umgebung kam ihm
fremd vor.
Gleich war er aber wieder beruhigt, als er seine Kollegen an
der Hochschule neben sich sah, auch die beiden Vertreter der
Kirche, es waren nach dem Papst die beiden wichtigsten Kar-
dinäle der Kirche. Dann war ja alles gut. Er war in vertrauter
Umgebung, es konnte ihm nicht viel passieren.

In der Gegenwart war die Richtung vorgegeben. Irritationen,
die das tägliche Leben manchmal mit sich bringen mochte,
waren in dieser Gesellschaft leicht auszumerzen. Hörte man
die wohlfundierten Ansichten der Kollegen, fühlte man sich
gut und sicher. Die eigenen Gedanken erschienen klar, die
letzten Glaubenszweifel schwanden. Es kam ein Gefühl der
Zufriedenheit und des Glücks auf.

Bis er soweit gewesen war, hatte er viel kämpfen müssen.
In der Jugend war es noch der Kampf zwischen Geist und
Gefühl gewesen. Wenn er ehrlich war, wußte er auch heute
noch nicht, ob ihn der Verstand oder das Herz zu Gott geführt
hatte.
Später nach dem Studium, der Arbeit an der Promotion waren
die Fragen nach dem Wesen von Gott und Religion auf der
Strecke geblieben; wesentlich war die Linie der Einzeldisziplin
geworden. Darin unterschied sich die Theologie nicht von anderen wissenschaftlichen Disziplinen.

Später war ihm auch noch eine andere Grenze in der Theologie deutlich geworden, die durch die kirchlichen Instanzen
festgelegte Ergebnisgrenze der theologischen Wissenschaft.
Zunächst hatte er innerlich dagegen aufbegehrt, dann eingese-
hen, daß er diese Grenze zumindest durch ein nach außen

sichtbares Bekenntnis akzeptieren mußte. In kleinem Kreis hinter vorgehaltener Hand konnte man schon einmal Kritik äußern. Aber auch hier wie überall, wo Ämter oder Lehrstühle vergeben wurden, mußte man zumindest bei den nächsten Vorgesetzten, mindestens bei dem Bischof, Linientreue erkennen lassen. Innerhalb der Fakultät waren sich alle Kollegen einig, daß sie zur liberalen Sektion gehörten. Das war klar. Damit war aber nicht gesagt, daß die Ansicht etwa von Personen ohne Amt in der Kirche ebenso frei geäußert werden durfte. Diesen sogenannten Mitbrüdern oder Mitschwestern stand schon auf Grund mangelnder Vorbildung in theologischen Dingen kein Urteil zu. Sie hatten sich vor allem in der Öffentlichkeit der Kritik zu enthalten. Gegenüber der Kirchenleitung war man jedenfalls loyal, die Kritik im Kollegenkreis oder gegenüber befreundeten Laien war auf Einzeldinge beschränkt. Alles das ging ihm, als er so dasaß und seine Kollegen ansah, durch den Kopf.

Dann überlegte er, wo er war und wie es kam, daß sie alle zehn vor einem langen Tisch in einem sonst leeren Raum saßen. Wie waren er und die anderen hierher gekommen? Einen Moment..., eben waren sie doch noch alle zusammen in einem Bus von Rom aus nach Castel Gandolfo gefahren und hatten lange grundsätzlich diskutiert. Ja, und dann ging alles ganz schnell. Auf der anderen Straße kam ein Lastwagen entgegen. Plötzlich sah er es, der andere fuhr auf der linken Seite und steuerte direkt auf sie zu. Dann krachte es, es wurde dunkel, dann wieder hell und jetzt war er mit den anderen hier.

Fehlte jemand? Er sah sich um, der Fahrer war nicht hier und der römische Prälat! Na ja, kann man nichts machen! Nach einer längeren Wartezeit, einer seiner Kollegen meinte schon, es sei eine Unverschämtheit, sie so lange warten zu lassen, schließlich seien sie bedeutende Persönlichkeiten, egal wo man sei, man müsse sie doch entsprechend respektieren.

Im übrigen komme ihr Stand durch das getragene Ornament
doch deutlich auch für Laien zum Ausdruck. Selbst im totali-
tären System wären sie schließlich ..., tröstete ein anderer. Es
war der Kirchenrechtler des Vatikans, Kardinal Lembroso,
und der mußte es ja wissen. Es war tröstlich, so eine Kapazität um sich zu haben. Dieser Mann gab ihm innere Sicherheit
und Ruhe.
Was konnte jetzt noch passieren. Nach einer weiteren Zeit - es
kam ihnen wie eine Ewigkeit vor -, der Erzbischof und Kardinal und Leiter der Glaubenskongregation, wollte gerade an die
Tür klopfen, die den Raum abschloß, als sich die Tür öffnete.

Heraus trat ein unscheinbarer Mann mit bleichem Gesicht, er
hatte eine Stirnglatze, trug einen grauen Anzug mit Fischgrä-
ten-Muster, hatte ein weißes Hemd an und einen blauen
Schlips mit einem Blumenmuster. Auffallend war, daß er
nichts in den Händen hatte. Die linke Hand hatte er in der Ho-
sentasche. Bevor der Kardinal sich beschweren konnte, be-
trachtete der Mann mit dem Straßenanzug kurz einen nach
dem anderen. Dann sagte er mit einer leisen, aber bestimmten
Stimme:
Ich nehme an, Sie wissen, wo Sie sind und was Sie hier sollen."
Die anwesenden Kirchenväter schauten erstaunt und etwas
ungläubig auf den Unbekannten und schwiegen. „Schön,
wenn das nicht klar ist, werde ich Ihnen das Nötigste jetzt
kurz schildern." Sie haben einen Unfall mit dem Bus gehabt
und sind um´s Leben gekommen. Das ist schlicht und ergreifend ihre Situation."
Es entstand unter den Beteiligten ein Gemurmel, das immer
lauter anschwoll und in dem fragenden Ausruf endete: „ Wo
sind wir hier?" „Das werden Sie sicher noch irgendwie selbst
in Erfahrung bringen, wenn Sie lange genug hier sind."
„Ist das nicht der Himmel?" „Warum glauben Sie, sollte es
dieser Ort sein und wie stellen Sie sich einen solchen Ort vor?

Wohin gelangt man denn nach dem Tod", fragte der Fremde. Dann hörte man es laut und leise flüstern: „ Himmel, Fegefeuer und Hölle." Der Fremde wartete interessiert. „Vielleicht könnte einer von Ihnen mir den Unterschied dieser drei Orte kurz definieren."

Das ist ganz einfach: „Der Himmel ist der Ort der Glückseligkeit, dorthin kommen diejenigen, die auf Erden gut waren, d. h. gute Taten vollbracht haben; also die, die ohne Sünde waren. Die Hölle aber ist der Ort der Verdammnis, dort herrscht der Teufel, dorthin schickt man die Sünder. Sie büßen unter Qualen für ihre Verfehlungen."

Der Fremde hatte interessiert zugehört und fragte: „ Ja, und das Fegefeuer, was ist das?" Während einige der geistlichen Herren etwas betroffen reagierten, begann der Vorsitzende der Glaubenskongregation, Kardinal Josef Rabenhäuser, voller Überzeugung: „ Also, das Fegefeuer ist ein Durchgangsort, eine Art Zwischenstadium, in welchem sich die Seelen der Sünder befinden, die nicht völlig verloren sind, sondern eine Chance haben beim Abbüßen ihrer Schuld, einmal spätestens beim jüngsten Gericht, in den Himmel zu gelangen."
„Warum nennen Sie es Fegefeuer im Gegensatz zu den Begriffen „ Himmel" und „Hölle"? Es sind 2 zusammengesetzte, fast alltägliche Begriffe des Menschen. Ein Feuer vernichtet doch, was heißt in diesem Zusammenhang „Fegefeuer"? Wenn ich Sie richtig verstehe, soll das Feuer eine wegfegende, reinigende Kraft haben. Der Mensch bzw. seine Seele wird von Sünden frei?" „ Ja, so könnte man es in etwa ausdrükken."
Zu den theologischen Mitbrüdern gewandt, sagte der Kardinal verwundert:
„ Es ist schon merkwürdig, das man das hier erklären muß. Ich dachte, das wäre klar!" Der Fremde lachte laut, dann sagte er: „ Na ja, Himmel und Hölle erscheinen mir noch nachvollziehbar nach menschlichen Dimensionen, auch wenn ich mit

der Vorstellung, die Sie haben, Probleme bekomme, insbesondere unter dem Aspekt göttlicher Liebe des Verzeihens. Wie unterscheidet sich die christliche Vorstellung von Gott von den Rachegöttern der Urzeit, dem Gott z. B. des Judentums, der rächt und straft, aber nicht liebt und vergibt? Ihre Vorstellung vom Fegefeuer erstaunt mich, worauf gründen Sie Ihre Vorstellung, auf welche Worte von Christus und dem Neuen Testament? Stellen Sie sich Gott als Buchhalter vor, um bei menschlichen Dimensionen zu bleiben? Und wer und mit welchen Verfehlungen kommt an diesen Ort, wie kann seine Seele geläutert werden, die nicht im Menschlichen verfangen ist? Hat sie selbst Möglichkeiten der Buße und Reue? Kann sie sich selbst ändern und warum nur zum Positiven?"

Er sah das Erstaunen in den Gesichtern der Anwesenden und fuhr fort:
„Na schön, wenn sie schon derartige Thesen vertreten, ohne zu wissen, ob sie richtig sind, was tun Sie mit denen, die diesen Thesen nicht glauben?"
Der Kardinal, Wortführer der Gruppe, betonte fast ärgerlich:
„Das sind keine Thesen, das sind Glaubenssätze." „Und wer bestimmt, was Glaubenssätze sind, Gott, Christus, der heilige Geist?" fragte der Fremde.
Das löste eine heftige Diskussion zwischen den einzelnen Mitgliedern der Gruppe aus. Man achtete nicht weiter auf den Fremden, sondern suchte nach schlagkräftigen Argumenten, um zu den Fragen des Fremden Stellung zu nehmen. Der Kardinal in seiner Eigenschaft als der Verantwortliche für Glaubensfragen machte dem Gespräch ein Ende, gebot Ruhe und wollte gerade die einheitliche Ansicht der Kirche zum Ausdruck bringen, als er und die Mitglieder der Gruppe neben ihm bemerkten, daß der Raum leer war, der Fremde war verschwunden.

5.
Der moderne Soldat

Soldaten sind auch Menschen. Ob sie gut oder schlecht sind, hängt vom Einzelnen ab, auch wenn das offensichtlich von einigen, ja sogar dem höchsten Gericht in Deutschland bezweifelt wird, wie man in der deutschen und internationalen Presse lesen kann. Die pauschale Kategorisierung als Verbrecher - denn das sind Mörder - wundert jedes nicht deutsche Volk. Das gilt um so mehr, als - wie man hört - in Deutschland für junge Männer, die allgemeine Wehrpflicht gilt. Und da die Einstufung als Verbrecher wohl mit dem Wehrdienst nichts zu tun haben kann, da diese jungen Leute nur an irgendwelchen Geräten üben - von einem kriegerischen Einsatz, dem Töten von Menschen, der Verletzung eines möglichen Gegners, dem Niederbrennen von Häusern, Vergewaltigen von Frauen usw. ist mir bisher noch nichts zu Ohren gekommen - so kann es nur der einmal ausgeübte Soldatendienst sein, der den Charakter des Menschen verdirbt und ihn zu einem Verbrecher macht.

Ist man dieser Auffassung, dürften alle, die einmal diesen Dienst ausgeübt haben, ohne sich konsequent verweigert zu haben, Zeit ihres Lebens zur Kategorie der notorischen Gesetzesbrecher gehören, was insoweit widersinnig ist, als es gerade der Gesetzgeber war, der ihn zu diesem Dienst zwang und ihm vorhielt, es sei eine Ehre und Verpflichtung für die Allgemeinheit.

Nun, gehen wir dieser These einmal nach, die offensichtlich vom höchsten Gericht für richtig befunden wird, dann sind wohl die meisten Wirtschaftsbosse, Politiker, Sportler, Wissenschaftler und auch Richter ebenfalls „Verbrecher" bzw. „Mörder" oder so etwas ähnliches gewesen. Jetzt fragt sich, ab wann sie diese Eigenschaft verloren haben. Haben Sie etwas davon gehört, daß diese Leute Reue gezeigt haben, daß sie ihren Wehrdienst geleistet haben. Ich habe auch sonst nicht gehört, daß sich diese Menschen alle von ihrer Tätigkeit distanziert haben. Wenn aber keine Reue vorliegt - ja manche heute noch freiwillig an irgendwelchen Übungen des Militärs teilnehmen, haben sie nach wie vor den Status eines „Verbrechers"; der gesetzlich vorgesehene Grund der Entlassung durch Zeitablauf kann keinen Einfluß auf die Resozialisierung von „Verbrechern" haben. Weiter muß man natürlich bedenken, daß auch die Söhne und Neffen, die Enkelsöhne sog. ehrenwerter Leute Wehrdienst leisten müssen. Das hat zur Folge, daß alle nach Einführung des Wehrdienstes betroffenen Personen, also alle Generationen, mit dem Makel der Verbrechereigenschaft ausgestattet sind. Während wir im Christentum die Erbsünde haben, hat Deutschland zusätzlich das Stadium des Verbrecherdaseins, da jeder junge Mann, egal welcher Herkunft, zwangsläufig diese Ausbildung durchlaufen muß, ohne daß klar ist, wie er danach gereinigt wird, was dieses Stadium von der Erbsünde unterscheidet.

Sie werden sehen, dieser Fall wird Sie davon überzeugen, daß nicht jeder Soldat ein Mörder ist. Ein Soldat, der ordnungsgemäß zum gesetzlich vorgeschriebenen Wehrdienst einberufen worden war, nahm an einem Manöver teil. Die Folge war ein Disziplinarverfahren. Der Anlaß war folgender:
Man hatte in einem hügeligen, mit Sträuchern bewachsenen Gelände Stellung bezogen, und es kam der Befehl, langsam unter Ausnutzung der natürlichen Deckung vorzurücken. Unser Soldat hatte sich an seine Kinderzeit und die damals gelesenen Karl May- Bücher und Geschichten von Rothäuten und Trappern erinnert, stimmte beim Vorwärtsschleichen ein infernalisches Geheul an, das nicht sehr aufbauend auf die Soldaten seiner Einheit wirkte. Besonders der Unteroffizier und der Leutnant waren „begeistert", hatte der Soldat doch dafür gesorgt, daß durch das Geheul der vermeintliche Gegner gewarnt war. Das war jedoch nicht der einzige Vorfall.

Das Faß zum Überlaufen brachte das Verhalten am nächsten
Tag:
Die Truppe legte einen 20 km Marsch zum nächsten Ein-
satzort vor. Man kam durch kleine Dörfer und endlich auch an
einem Postamt vorbei.
Ehe die Kameraden sich versahen, scherte der Soldat mit vol-
lem Marschgepäck aus und kam nach wenigen Augenblicken
ohne es wieder und marschierte vergnügt mit seinen Leidens-
genossen weiter. An einem Haltepunkt mußte die Truppe sich
in Reih´ und Glied aufstellen. Da fiel es dem Unteroffizier auf,
daß der Soldat weder Gewehr, Helm noch Tornister bei sich
hatte. „Wo haben Sie Ihre Sachen", brüllte er.
„Ich habe sie auf dem letzten Postamt aufgegeben".
„Was haben Sie", schrie der Unteroffizier. „Na", meinte der
Soldat, „wir leben doch in einer modernen Zeit mit modernen
Beförderungsmitteln; da ist es überholt, alle Sache mitzu-
schleppen. „Ja, sind Sie denn vom Wahnsinn befallen? Sind
Sie denn komplett verrückt geworden? Das hat ein Nachspiel,
darauf können Sie sich verlassen. Meinen Sie, Sie können uns
verarschen? Wir werden Ihnen die Flausen schon austreiben."
Er zischte ab.

Und so ein Soldat ist nun ein Verbrecher. Erklären Sie das
mal ihm und allen Soldaten, vor allem den Schweizern!

6.
Der Fernfahrer als Urlaubsberater

Botschafter sind Vertreter des eigenen Landes in einem fremden Land. Sie vertreten im Land des Gastgebers die Interessen des Herkunftslandes. Einen besonderen Vertreter Deutschlands können Sie in Sri Lanka kennenlernen.

Wir befinden uns unweit der Hauptstadt Colombo in einem Hotel am Strand, die Nacht, die hier gegen 20.30 Uhr übergangslos einbricht und stockdunkel ist, liegt über der großen Bucht. Ein deutsches Pärchen geht über den weichen Sand. Das Paar hatte sich nach dem Abendessen - es war der erste Abend nach der Ankunft - zu einem Spaziergang begeben und auf dem Rückweg an einer kleinen Bar mitten am Sandstrand, die zum Hotel gehörte, Station gemacht.
Die Bar war zwar beleuchtet, jedoch offensichtlich geschlossen, denn weit und breit war keine Bedienung zu sehen.
Endlich näherte sich ein mit weißem Dinner-Jacket, schwarzer Fliege und dunkelblauer Samthose gekleideter Mann.
Der Mann des Pärchens vermutete, daß er der Ober sei.
Er kramte seinen gesamten Vorrat an Englischkenntnissen hervor und versuchte gerade, eine Bestellung aufzugeben, als der europäisch wirkende Mann - offensichtlich hatte er die letzten Worte des Pärchens auf deutsch gehört - in rheinischem Dialekt „Guten Abend", sagte. „Wollen Sie einen Drink, einen Moment, ich rufe den Ober", und damit drückte er einen Klingelknopf unten an der Rückseite der Theke.

Kurze Zeit später erschien ein dunkelhäutiger Kellner und nahm die Bestellung auf. Der Ehemann des deutschen Pärchens wollte einen Wodka-Lemon, die Frau einen Gin-Tonic. Der Herr mit dem weißen Dinner-Jacket bestellte einen rosafarbenen Cocktail mit Früchten. Er erklärte, diesen Drink könne er nur empfehlen, er sei der beste in Colombo. „Die mi-

xen hier einen ganz speziellen Rum rein." Als der Ehemann des deutschen Pärchens zahlen wollte, erklärte er: „Nein, der Drink geht auf mich." Das Pärchen bedankte sich und war überzeugt, es mit dem Hotelmanager zu tun gehabt zu haben. „Ja", meinte der fein gekleidete Herr, „der Service ist ja jetzt recht gut. Letztes Jahr war es nicht zum Aushalten. Dauernd wechselte das Personal, war langsam und begriffsstutzig." Später waren sich die deutschen Eheleute dann nicht mehr recht einig, welche Funktion Ihr Gegenüber bekleidete. Der Mann kritisierte die verschiedenen Hotels in Sri Lanka. Er mußte wohl von einer Hotelorganisation sein oder von einer deutschen staatlichen Stelle stammen - vielleicht der Botschaft oder dem Konsulat, denn er erklärte, welche Schwierigkeiten man mit Deutschen habe, die sich nicht an die Bestimmungen des Landes halten würden, die keine ausreichenden Impfschutz hätten, zu weit ins Meer hinausschwimmen oder ungewaschenes Obst essen würden. Etwas später wurden die beiden Deutschen wieder über die Identität unsicher, denn er erklärte, man könne in Sri Lanka am besten Urlaub machen, hier sei der Gast noch geachtet. Früher sei er immer nach Kenia gefahren, aber heute ist das Personal nicht mehr so sauber, wie es sein muß, und ein gehobener Level muß sein." Verschüchtert stimmte das Pärchen zu, er war Professor und sie Lehrerin, wenn sie auch bisher großen Luxus in deutschen Hotels nicht gewöhnt waren bzw. sich derartige Hotels nicht leisten konnte. Aber auf der anderen Seite hatten sie es ja mit einer hochgestellten, gewiß reichen Persönlichkeit zu tun, die sich alle Annehmlichkeiten leisten konnte, eben ein echter Vertreter, ja ein kultureller Botschafter Deutschlands. Wie herablassend der allein mit dem Personal umging.
" Man muß nur Druck machen, sonst herrscht nur Schlampigkeit, schließlich zahlen wir ja mit harter deutscher Mark." Ganz zaghaft fragte der Professor den vornehmen Vertreter deutscher Kultur, was er denn von Beruf sei.
„Ich bin Fernfahrer", erklärte dieser.

7.
Rechtsanwälte wissen alles besser

Rechtsanwalt Himmlisch von Gottes Gnaden, der von sich überzeugte Kenner der Rechtsmaterie, über jeden Zweifel an eigenen Fähigkeiten und Kenntnissen erhaben, hatte - so erzählte er später - im Vertrauen auf das Gute im Menschen und nach langjähriger gemeinsamer Tätigkeit mit anderen Kollegen beschlossen, sich mit einem anderen Rechtsanwalt, Herrn Fiesling, zu gemeinschaftlicher Ausübung der Berufstätigkeit zusammenzutun. Eigentlich hätte ihn das Gebaren dieses Kollegen stutzig machen sollen, er war sehr freundlich zu ihm und den Angestellten, weihte ihn aber nicht in die Tagesgeschäfte der gemeinsamen Praxis ein, organisierte alles selbst, ordnete an und verwaltete.

Anfangs empfand Rechtsanwalt Himmlisch die Art der Handhabung der Geschäfte als angenehm, er selbst mußte nur dafür sorgen, daß seine Mandanten zufrieden waren, Prozesse gewonnen wurden und das Geld aus seinen Rechtsfällen auch pünktlich hereinkam. Da er bereits sorgfältig gearbeitet hatte, bereiteten ihm diese Tätigkeiten auch keine besonderen Schwierigkeiten. Er war zufrieden, daß er mit dem anderen Kram nicht viel zu tun hatte, Arbeiten, die eigentlich nicht für Juristen geschaffen waren.
Dafür hatte man normalerweise seine Leute, die funktionierten. So war er es bisher gewohnt. Dieser Zustand der Zufriedenheit änderte sich plötzlich auf unangenehme Weise.

Durch Zufall gelangte ein Kontoauszug des gemeinsamen Kontos in seine Hände, wonach das Konto um den erheblichen Betrag von fast 70.000,- DM überzogen war. Da er an ein Versehen glaubte, beschloß er, den Kollegen Fiesling zur Rede zu stellen. Erstaunt, um nicht zu sagen bestürzt war er, als dieser ihm freundlich mit einer großen Geste erklärte, dies

rühre daher, daß einige Posten nicht richtig verbucht worden seien. So habe er in Absprache mit der Bank das Darlehen für seinen im letzten Jahr gekauften Dienstwagen zum Preis von 80.000,- DM, einen Mercedes Benz der gehobenen, nicht etwa der höheren Klasse, was er extra hervorhob, auf dieses Konto umschreiben müssen. Auch die Bürofeier, die in einer Woche stattfinden würde, habe er mit 5.000,- DM veranschlagt. Das Geld habe er vorsorglich schon einmal abgehoben. Rechtsanwalt Himmlisch war noch nachträglich entrüstet und echauffierte sich, als er die Szene seinem jetzigen Prozeßvertreter, Rechtsanwalt Duldsam, schilderte. „Das war ungeheuerlich, und wie das der Kollege Fiesling damals mit einer Selbstverständlichkeit, ja Überheblichkeit schilderte. Dabei lächelte er sein schönstes Lächeln, als sei das Gemeinschaftskonto - ich komme heute nicht in Wut! - sein eigenes. Nebenbei meinte er, er werde diese Lapalie schon regeln."
Rechtsanwalt Himmlisch faßte sich und erklärte dann unter Seufzen:
„Aber das war erst der Anfang, von der Bürofeier hatte ich bis zu diesem Zeitpunkt nichts gewußt. Am selben Tag hatte ich unter meiner Post eine Einladung des Büros Fiesling bekommen, so, als gehörte ich gar nicht dazu. Er machte eine Pause, aber bevor sein Prozeßvertreter eingreifen konnte, hatte er schon eine andere Szenerie vor sich und schäumte:
„Und was glauben Sie, das ging die nächsten 3 1/2 Jahre so weiter. Ich wurde über nichts unterrichtet. Die Angestellten verhandelten nur mit ihm. Alle Behördenbriefe waren nur an ihn adressiert; als wenn ich gar nicht da wäre." Er unterbrach und wandte sich an den Kollegen Duldsam: „ Wenn ich ehrlich bin, das hat mich ganz krank gemacht. Es ging mir nicht um's Geld, auch jetzt nicht, aber diese Mißachtung mir gegenüber. Ich bin jetzt mehr als 25 Jahre im Beruf und muß mir das gefallen lassen. Bis jetzt kam ich mir immer als guter, großer Jurist, als bedeutender Anwalt vor. Das haben meine früheren Partner und Angestellten auch immer akzeptiert, auch die

Richter und Kollegen. Mandanten, die mit mir nicht konform gingen, habe ich lieber abgelehnt. Dabei habe ich Ihnen lieber nichts berechnet, ehe ich meinen Standpunkt hätte aufgeben müssen. Mein Selbstwertgefühl und mein Stolz gehen mir vor. Ich lasse mich doch nicht von anderen in Nichtigkeiten kritisieren." Nachdem er dies mit dem Brustton der Überzeugung ausgesprochen hatte, wandte er sich an den Kollegen Duldsam, den er nach Vermittlung eines bekannten Kollegen mit seiner Vertretung beauftragt hatte, nicht ohne ihm bereits beim ersten Zusammentreffen zu erklären, welche Ansicht sein Steuerberater, weiter ein Bekannter aus dem Finanzministerium und 2 andere Experten vertreten.

Er bestand bei der Besprechung des Falles auf einer Reihe von ihm für wichtig gehaltener Fakten und diktierte einen großen Teil der Formulierungen.
Rechtsanwalt Duldsam versprach die endgültige Ausarbeitung, man einigte sich auf ein Honorar und nach einigen Tagen übersandte er einen längeren Schriftsatz und eine auf dem Gespräch beruhende Vereinbarung über das Honorar. Er bat den Kollegen Himmlisch um eine kurze Durchsicht und Mitteilung der Änderungen. Zu seinem Erstaunen erhielt Rechtsanwalt Duldsam einige Tage später einen Brief von Herrn Kollegen Himmlisch, in dem zu lesen war, daß das Schreiben völlig geändert werden müsse, da sein Leben und Wirken und das Verwerfliche von Rechtsanwalt Fischer nicht mit der Schärfe herauskomme, wie es angebracht sei. Sein Steuerberater müsse außerdem bemüht werden und wegen seiner eigenen und der Mithilfe des Steuerberaters könne auch das mündlich vereinbarte Honorar nicht bestehen bleiben.
Man müsse nochmals darüber reden, er werde sich nach der Überarbeitung melden.

Rechtsanwalt Duldsam, der schon wegen der vielen Gespräche viel Zeit in die Sache investiert hatte, beschloß, die Ange-

legenheit zu beenden. Er schrieb einen kurzen Brief an
Rechtsanwalt Himmlisch und teilte mit, daß es wohl besser
sei, die Vertretung bereits jetzt zu beenden. Auf das ihm zu-
stehende Honorar wollte er verzichten, die Unterlagen lägen
zum Abholen bereit. Nachdem Rechtsanwalt Himmlisch dieses
Schreiben erhalten hatte, versuchte er, durch Anrufe im Büro
von Rechtsanwalt Duldsam nochmals zu intervenieren.
Dem Angestellten erklärte er, schon den „Betreff" und den
Wechsel der Anrede zwischen „Rechtsanwalt Himmlisch" und
„Herr Himmlisch" habe ihm nicht gefallen. Außerdem habe
man doch gemeinsame Freunde, man sei doch jetzt nicht etwa
verfeindet.

Die Versuche, Rechtsanwalt Duldsam doch noch einmal zu
sprechen, waren vergeblich. Rechtsanwalt Duldsam war bereits in den Urlaub gefahren.
Er war froh, die Angelegenheit, die ihm nur Ärger gebracht
hätte, los zu sein.

8.
Was dem Einen recht ist, ...

Ja, nun war er mit seinem Latein am Ende. Es läßt sich eben leichter einem anderen ein guter Rat geben, als selbst entscheiden zu müssen.

Was war geschehen? Vor einem halben Jahr war die 23-jährige Tochter eines Bekannten zu ihm gekommen und hatte ihn um einen Rat gebeten, bevor sie mit ihren Eltern reden wollte. Sie hatte ihm erklärt, sie habe einen 20 Jahre älteren Mann kennengelernt. Er sei ihre große Liebe. Er wolle sie heiraten, müsse sich aber noch von seiner Frau trennen, die Kinder von ihm seien kein großes Problem. Sie seien 18 und 15 Jahre alt, also fast erwachsen. Am kommenden Wochenende wolle er es seiner Frau sagen und der Rest sei nur noch eine Formsache.

Und was hatte er dieser jungen Frau in langen, freundschaftlichen Gesprächen geraten: „Das kann nicht gutgehen!" Der Mann ist 20 Jahre älter. Er hat Familie. Die gibt er nicht auf. Du bist nur ein Abenteuer für einen Mann in der Midlife-Crises. Spätestens in einem halben Jahr ist alles vorbei!" Yvonne, die junge Frau, hatte energisch protestiert, hatte von Liebe gesprochen, von der er in seinem Alter keine Ahnung mehr habe usw..

Warum er das Gespräch geführt hatte? Seine Frau hatte gesagt, er kenne doch die Gefühle der Männer, weil er selbst Mann sei. Also könne er besser argumentieren. Also hatte er sich darauf eingelassen. Und wie war es gekommen? Ähnlich wie er vermutet hatte - das Gespräch war im März gewesen - jetzt war es September und der Freund der Tochter hatte bisher offensichtlich noch immer nicht den Mut gefunden, seiner Frau die Affäre, falsch „seine große Liebe" zu einer anderen

Frau, zu gestehen. Das hatte ihn veranlaßt, der Bekannten klarzumachen, daß der Freund es nicht ernst mit ihr meine; er zu feige oder zu bequem sei. Warum sollte er seine Familie aufgeben, wenn er doch, wie die Vergangenheit gezeigt hatte, Familie und Geliebte haben konnte.
Nach langen Auseinandersetzungen hatte Yvonne nun vor, am kommenden Wochenende eine Entscheidung herbeizuführen. Sie wollte ihren Geliebten zur Rede stellen. Er sollte sich endlich zwischen der Familie und ihr entscheiden.

So, das war der erste Teil. Nun aber zu seinen eigenen Problemen. Vor 4 Wochen hatte er während des Betriebsausflugs der Firma eine junge Praktikantin kennengelernt. Man hatte miteinander getanzt, getrunken, sich unterhalten und sich in der Folgezeit des öfteren mal zum Spaziergang getroffen, ja war sogar einmal, am letzten Mittwoch im Kino und anschließend in einem schicken Restaurant mit ihr zum Essen gewesen. Ein schlechtes Gewissen hatte er schon, weil er zu Hause gesagt hatte, er müsse noch mit Geschäftsfreunden essen gehen. Sonst war es nicht zu irgendwelchen Intimitäten, wie es so schön heißt, gekommen.

Aber er stand jetzt vor der Entscheidung, wie es weitergehen sollte. In einem Gespräch hatte Christa, die Praktikantin, anklingen lassen, daß eine Bindung, zu der sie wohl geneigt war, nur dann in Frage käme, wenn er seine familiären Verhältnisse in Ordnung bringen würde, sich also von seiner Frau trennen würde.

So weit war es also gekommen. Nun mußte er sehen, wie es weitergehen sollte. Sicher war sein Fall nicht mit dem der Bekannten vergleichbar. Seine Kinder waren erwachsen und aus dem Haus, die Frau hatte Arbeit. Aber, überlegte er, so ganz verschieden ist die Lage nun auch nicht. Auch ich bin 20 Jahre älter und ich bin geschmeichelt, daß so ein junges Ding - sie dürfte so alt wie die Bekannte sein - sich um mich bemüht, daß ich ihr gefalle. Ist das die große Liebe? Kann man noch einmal von vorne anfangen? Mache ich mir etwas vor? Haben wir nicht zu unterschiedliche Interessen?

Sie will tanzen, in die Disco, mit Freunden ausgehen, während ich von der Arbeit müde nach Hause komme und Ruhe haben will. Aber Schauspieler, Politiker, Manager haben auch junge Frauen und sind glücklich; so scheint es jedenfalls. Oder - das war die Lösung - ich sollte vielleicht erst einmal ausprobieren, wie weit ich bei ihr käme, ehe ich eine voreilige Entscheidung treffen würde.

Sogleich verwarf er aber diese Idee wieder, so sehr sie ihn auch reizte. Ein Abenteuer wäre nicht zu verachten. Er mußte sich hier und heute entscheiden. Er beschloß zunächst, einen Cognac zu trinken, dann würde er klarer sehen.
Nach dem 5. Glas sah er auch nicht mehr als vorher. Aber je mehr er trank, desto lächerlicher erschien ihm die Vorstellung einer dauerhaften Beziehung zu dieser jungen Praktikantin. Konnte Sie schweigen, wenn er Probleme hatte? Konnte sie ihm schonungslos in Diskussionen die Schwachstellen seiner Argumentation aufzeigen? Wer hatte mehr Erfahrungen mit ihm? Nur seine Frau! Je mehr er sich betrunken hatte, um so mehr fühlte er sich sicher. Schließlich wankte er ins Bett.

Als er früh aufwachte, lag eine Aspirin auf dem Nachttisch und ein Glas Wasser stand daneben. Seine Frau war schon aufgestanden und zur Arbeit gegangen. Sein Entschluß stand fest, er würde das beginnende Abenteuer noch heute beenden.

Das Problem kam ihm den ganzen Tag nicht mehr in den Sinn, weil von einem Termin zum anderen hastete. Abends wurde er von seiner Frau mit den neuesten Entwicklungen bei seinen Bekannten überrascht. „Weißt Du schon, daß es mit Yvonne und ihrem Freund aus ist?" Er wollte Einzelheiten wissen. Ja, Genaues weiß ich auch nicht."

Er hat ihr wohl telefonisch erklärt, er wolle lieber bei seiner Familie bleiben".

9.
Der Hosenkauf oder der tüchtige Verkäufer

Es ist schon eine gewisse Zeit her. Meine Frau hatte wieder einmal beschlossen, daß ich eine neue Hose brauchen würde und sämtliche anderen erwachsenen Frauen, ich habe derer noch drei, waren der gleichen Meinung. Da es besonders schwer ist, sich einer so gewaltigen Mehrheit von Frauen zu widersetzen - Sie müssen bedenken, ich bin seit Eintritt in den heiligen Stand der Ehe immer in der Minderheit, und Minderheiten haben es in der Regel schwer, sich durchzusetzen. Das ist bei Indianern und seltenen, vom Aussterben bedrohten Tieren nicht anders. So beschloß ich, der Übermacht nachzugeben.

Also zog ich eines schönen Donnerstags vormittags mit meiner Chefdesignerin, Herrin des Hauses, Verwalterin unserer Finanzen, Immobilienverwalterin und meiner Chefpädagogin in die Stadt zum Kauf einer Hose. Nun, müssen Sie wissen, daß neben dem Schreiben von Urlaubsgrüßen der Kauf von Kleidungsstücken für mich zu den überflüssigsten und anstrengendsten Tätigkeiten gehört. Kleidung für meine Frau und meine Töchter kaufe ich dagegen recht gern, sie muß mir nur auf Anhieb gefallen. Meine 4 Frauen haben bisher auch immer behauptet, die gekauften oder von Reisen mitgebrachten Kleider, Blusen, Kostüme und Röcke würden ihnen stehen. Etwas muß daran sein, denn bei vier Frauen, stellt immer eine fest, warum ihr diese Bluse nicht steht, der Lippenstift der Schwester nicht zu den Strumpfhosen paßt oder aber die Schuhe nicht mit den Ohrringen harmonieren usw.

Doch jetzt zum Kauf. Wir waren schon in drei Kaufhäusern gewesen. Fachkundig hatte meine Frau zusammen mit einem Verkäufer jeweils mindestens 3-6 Hosen herausgesucht, die ich dann in einer Kabine anprobieren durfte.

Da diese Art von Käufen fast immer in der Winterzeit stattfinden, war ich - wie es sich für einen zivilisierten Menschen gehört - mit Anzug, also Jacke, Hose, Hemd und Schlips bekleidet, darüber hatte ich einen Mantel an. Einen Anzug hätte ich, auch wenn es Sommer gewesen wäre, anziehen müssen, da meine Frau ausdrücklich darauf beharrte. Das Haupt meiner Frauen machte mir klar, daß wir immer jemanden treffen könnten, der uns kenne und welchen Eindruck es denn machen würde, wenn man so abgerissen gekleidet sei. Im übrigen würde sie so, wie ich mich zunächst angezogen hatte, nicht mit mir einkaufen gehen. Nun hoffte ich schon, vielleicht um den verhaßten Einkauf herumzukommen, aber sie erklärte mir, sie habe mir die Sachen zum Anziehen bereits hingelegt, also was blieb mir übrig.

Im ersten größeren Ausstatter waren wir beim Anprobieren von Hosen. Die erste vom Verkäufer und meiner Frau ausgewählte Exemplar diente in der Regel zum Ausprobieren der passenden Größe, denn ich konnte ja zugenommen haben, was regelmäßig alle 4-5 Jahre einmal geschah. Auf Drängen des schöneren Geschlechts bei uns im Hause, das nicht einen so dicken Vater und fetten Klops haben wollte, nahm ich dann wieder ab.

Nachdem also die passende Größe in etwa festgestellt war, schauten die beiden an den Kleiderständern und suchten 4-5 Hosen aus. Meiner Frau vertraute ich meine Habseligkeiten wie Geldbörse, Brieftasche und Schlüssel an und machte mich im Schlepptau des Verkäufers zu einer leeren Umkleidekabine auf, um mich in die neue Hose zu zwängen.

Ich zog also die neue Hose an, trat danach vor die Kabine, bei der sich meine Frau nun eingefunden hatte. Offensichtlich war ich in guter Gesellschaft; die Kabinen neben mir waren ebenfalls von mehr oder weniger verheirateten Männern belegt.

Das schloß ich daraus, daß mehrere Frauen vor den Kabinen Platz genommen hatten und interessiert, teilweise schmunzelnd ihren Adonis betrachteten. Wenn die jeweils zuständige Frau nickte oder bejahend zustimmte, erhellte sich das Gesicht des einzelnen Mannes. Er hatte die Prozedur endlich hinter sich gebracht. Mir stand das Ganze noch bevor, ich hatte jetzt die vierte Hose anprobiert und bei keiner Hose sah ich die Zustimmung bei meiner Gemahlsgattin. Also, die letzten Hose und dann in das nächste Geschäft. Tatsächlich entsprach auch die letzte Hose nicht dem Geschmack meiner Frau, auch wenn der Verkäufer sie wirklich gut fand. Ich zog die alte Hose wieder an, die Anzugjacke und den Mantel. Die Wertsachen überließ ich meiner Frau. Wir marschierten zum nächsten Geschäft. Dort geschah das gleiche wie im vorigen Geschäft, Mantel und Jacke aus, Probehose an und dann dies ausgewählte 1/2 Dutzend anprobieren. Nach drei Geschäften Rolltreppen rauf, Rolltreppen herunter, hatte ich für diesen Tag die Nase voll. Ich schlug ein Café vor, kam aber mit diesem Vorschlag nicht weit. „Erst müssen wir eine Hose kaufen, danach können wir auch einen Kaffee trinken gehen. Also, auf zum nächsten Kaufhaus!

Wir fuhren in den 2. Stock in die Herrenabteilung. Dort wurden wir von einem, wie mir schien, besonders cleveren Verkäufer mit freundlichem Lächeln begrüßt.
Mich würdigte er keines Blickes, sondern kümmerte sich allein um meine Frau. Offensichtlich hatte er die Erfahrung, daß allein die Ehefrauen das Sagen hätten. Er erklärte ihr die Vorteile der verschiedenen Hosen, die Qualität des Stoffes, ob man sie reinigen, wie man sie Bügeln müsse.

Skeptisch wurde ich, als der Verkäufer bei einer offensichtlich zu kurzen Hose durch heftiges Ziehen der Hose nach unten, erklärte, diese Hose stehe mir besonders gut. Schließlich war auch meine Frau wie ich der Meinung, daß die Hose etwas

kurz geraten sei. Wir näherten uns der letzten ausgesuchten
Hose. Ich zog sie in der Kabine an und stellte fest, daß sie viel
zu groß war. Sie rutschte ohne Festhalten innerhalb von
Bruchteilen von Sekunden Richtung Oberschenkel.
Der Verkäufer, der seinen Bonus schwinden sah, versuchte
nun alles, um uns zum Kauf zu bewegen. Er schaute sich die
Hose von allen Seiten an, die ich mit beiden Händen festhielt,
damit sie nicht herunterrutschte. Dann trat er hinter mich,
meinte, ich solle die Hose loslassen, er fummelte irgendwie
hinten herum, die Hose saß plötzlich wie angegossen.
„Sehen Sie selbst, gnädige Frau, sie paßt."
Die ganze Zeit stand er hinter mir, ich wunderte mich über
die plötzliche Wandlung der zu weiten Hose und ging zwei
Schritte. Auch dabei verließ mich mein Verkäufer nicht.
Als ich mich einem Spiegel näherte, klärte sich der Fall auf.
Der Verkäufer hatte die Hand zum Teil in der Hose, d. h. ein
Stück von 10 cm in der Hand und hielt mit der Falte die Hose
auf Paßform.

Ich erklärte dem Verkäufer, ich nehme die Hose und würde
sie gleich anbehalten. Dann wandte ich mich direkt an ihn:
„Und Sie haben ja offensichtlich nichts zu tun und können mir
in der nächsten Zeit die Hose festhalten, vermutlich sind Sie
im Preis einbegriffen." Der Verkäufer schien über mein belu-
stigtes Grinsen nicht gerade begeistert zu sein, entschuldigte
sich, ließ die Hose los und verschwand plötzlich mit hochro-
tem Kopf.

Eine Hose habe ich an diesen Tag nicht gekauft, aber in der
nächsten Kneipe trank ich zwei Bier.

10.
Ganz unverbindlich

Haben Sie auch einen Freund, von dem Sie nur hören, wenn er etwas von Ihnen will? Der sich nur dann bei Ihnen meldet, wenn er ein Anliegen hat, das Sie erfüllen sollen, sonst hören Sie möglicherweise Monate, eventuell Jahre nichts von ihm?

Nein, das ist nicht auf alltägliche Ratschläge beschränkt, die man sich unter Freunden selbstverständlich gibt. Ich denke daran, daß man herangezogen werden soll für Arbeiten, die der Freund offensichtlich seinen Bekannten versprochen hat. So werde ich z. B. angerufen, wenn dieser Freund Bekannte hat, die wiederum eine Tochter haben, die eine Examensarbeit schreiben muß. Der Freund fragt mich sodann, ob ich nicht vielleicht die Examensarbeit der Tochter dieser Bekannten schreiben könne, wobei ich weder die Bekannten des Freundes noch dessen Tochter kenne.

Die Ablehnung stößt auf Unverständnis des Freundes, auch wenn ich ihm erkläre, daß ich derartige Freundschaftsdienste nicht einmal für meine Familienangehörigen durchführe. Lernt dieser Freund zum Beispiel durch mich einen höheren Finanzbeamten oder Steuerberater kennen, läßt er sich dessen Telefonnummer geben und beauftragt ihn dann wenig später mit der Überprüfung seiner steuerlichen Angelegenheiten, wobei er sich nachher auf mich beruft und mich später entrüstet anruft, wenn nicht alles kostenlos war. Ich erfahre erst dann von dieser Beauftragung.

Durch Zufall konnte ich letztes Jahr eine „ehrenvolle Betrauung" eines Theologieprofessors mit einer Predigt zu einem Familienfest der Ehefrau des Freundes verhindern, weil ich ihm bei einer Nachforschung telefonisch mit viel Überzeugungsarbeit klar zu machen versuchte, daß dieser Theologe kein zu mietender Festredner sei.

Außerdem sagte ich zu ihm, daß dieser weder ihn, geschweige denn dessen Frau kenne und ich ihm, seinem Freund, ernstlich böse sei, wenn er den Versuch unternehmen würde, den befreundeten Theologen mit einer derartigen Aufgabe zu betrauen.

Nichts dagegen habe ich, mich um eine Wohnung zu bemühen, wenn sich der Freund beruflich in die Nähe verändert. Aber ich bin nicht begeistert, wenn ich den notariellen Kaufvertrag der Vermieterin meines Freundes auf Fehler untersuchen, den Schadensersatzanspruch des Chefs meines Freundes auf Berechtigung und Höhe prüfen soll oder für den Professor des Sohnes meines Freundes gute Tips für eine geplante Chinareise geben soll. Ich mag es nicht, wenn ich völlig unverbindlich die Gefahren einer Eisenbahnreise von Moskau nach Peking irgendwelchen Kollegen eines Wirtschaftskreises, dem mein Freund angehört, schildern soll oder kostenlos Literatur zusammenstellen darf.

Die letzten Freundschaftsdienste liegen jetzt 4 Monate zurück, der Urlaub ist bald vorbei. Mal sehen, wann sich mein Freund meldet.

Bis dahin!

11.
Der Eisenbieger

Richter sind teilweise schon recht eigentümliche Menschen.
So will ich hier von einem Exemplar berichten, das möglicherweise zu einer inzwischen schon ausgestorbenen Art gehört.

Es ist inzwischen schon mehr als 20 Jahre her und dieser Richter, ca. 63 Jahre alt, rothaarig mit rötlicher Haut und vielen Sommersprossen dirigierte bzw. herrschte über ein Schöffengericht. Er zeichnete sich durch völlige Humorlosigkeit aus und legte bei allen seinen Handlungen auf unbedingte Korrektheit Wert. So ging es auch bei seinen Verhandlungen zu. Wenn ein Angeklagter, Zeuge oder Sachverständiger stammelte oder Fragen nicht genau beantwortete, herrschte er ihn an. Und es verging keine Verhandlung, die nicht mit lautstarken Auftritten dieses Richters endete oder bei der es nicht irgendeine Auseinandersetzung zwischen ihm und dem Verteidiger oder dem Staatsanwalt gab.
So kam es des öfteren vor, daß sich Staatsanwaltschaft und Verteidigung über den erwünschten Ausgang des Verfahrens völlig einig waren, während das Gericht, sprich der Richter, meinte, die Staatsanwaltschaft habe schlampig ermittelt, die Verteidigung sei unsachlich usw..
Er belehrte Anwälte, Staatsanwälte, medizinische Sachverständige, Zeugen und den Angeklagten über die Würde des Gerichts, die Korrektheit der Kleidung, Höflichkeit und Anstand und über Recht und Gerechtigkeit. Kurz und gut, er war allgemein unbeliebt!

Bei diesem Richter stand eine Verhandlung an. Der Angeklagte war mehrfach vorbestraft, heute sollte über eine Tat aus dem letzten Jahr verhandelt werden. Die Anklage warf ihm vor, er habe nach einer ausgiebigen Zechtour die Tür ei-

nes Gartenhäuschens in einem Schrebergartengebiet aufgebrochen und dort seinen Rausch ausgeschlafen. Am nächsten Tag sei er dann einer Polizeistreife in die Arme gelaufen, die von Nachbarn alarmiert worden sei.
Der Ausgang dieses Prozesses war nicht von großer Bedeutung, jedoch gab die Konfrontation von Richter und Angeklagtem dem Prozeß die entscheidende Würze.

Das ging bereits zu Beginn des Verfahrens los. Der Angeklagte blieb sitzen, als der Richter und die beiden Schöffen den Sitzungssaal betraten. Das brachte den Richter in Rage. „Wollen Sie nicht aufstehen, wenn das Gericht eintritt, bellte er. Der Angeklagte verzog keine Miene.
„Stehen Sie auf, wen ich mit Ihnen rede", rief der Richter in drohendem Ton. Der Angeklagte, der offensichtlich nicht verstand, daß der Richter mit ihm sprach, schaute interessiert nach vorn, machte aber keine Anstalten, sich zu erheben, bis ihm endlich sein Verteidiger ziemlich laut zurief: „Sie sollen aufstehen."
Umständlich erhob sich der Angeklagte, er stützte sich mit beiden Händen auf der Tischfläche des kleinen Tisches ab, der vor ihm stand.
Kaum hatte der Richter ihn in seiner ganzen Gestalt und Größe, besser seiner Kleidung gesehen, wurde er abwechselnd blau und rot.

Der Angeklagte hatte eine blaue Latzhose an, die von oben nach unten wie eine Landkarte mit verschiedenfarbigen Flekken übersät war.
Die Schuhe waren staubig und das karierte Hemd unter der Latzhose machte auch nicht den saubersten Eindruck. Der Richter faßte sich kurz, dann brüllte er los: „Ja, was ist denn mit Ihnen los? Wissen Sie nicht, wo Sie hier sind? In welchem Aufzug kommen Sie denn hierher? Sie sind hier nicht auf dem Bau, sie stehen hier vor Gericht.

Haben Sie das verstanden?" „Ich bin doch gleich von der Baustelle hergekommen."
„Und da muten Sie uns diesen Anblick zu. Das ist doch eine bodenlose Unverschämtheit. Es gibt keinerlei Achtung mehr vor dem Gericht, ich bin jetzt fast 23 Jahre Richter, aber so etwas habe ich noch nicht erlebt!"

Nach diesen Worten schnaufte er hörbar und schüttelte den Kopf. „Setzen Sie sich wieder." Der Angeklagte stand immer noch hilflos an seinem Platz und wußte nicht, was er tun sollte, bis ihm sein Anwalt zuraunte: „Sie können sich wieder hinsetzen."

Jetzt ging die Verhandlung also endlich los und zwar zunächst mit der Klarstellung der Personalien. „Also Sie heißen?"
Der Angeklagte nannte seinen Vor- und Zunamen. Die Frage nach dem Alter beantwortete er mit seinem Geburtsdatum.
„Ich will von Ihnen nicht wissen, wann Sie geboren sind, sondern wie alt Sie sind. Können Sie auf klare Fragen nicht klar antworten? Ich bin nicht dazu da, Ihr Alter auszurechnen."
Nachdem der Angeklagte die Rechnung mit Hilfe des Verteidigers durchgeführt hatte, war der Beruf an der Reihe.
Der Angeklagte erklärte, er sei Eisenbieger. Damit konnte der Richter überhaupt nichts anfangen. Er erklärte wieder, er solle sich klar ausdrücken. „Heißt das, Sie sind im Zirkus?".
Der Angeklagte schaute sich hilfesuchend nach dem Verteidiger um. Dieser erklärte dem Gericht dann, daß der Angeklagte beim Betonieren die Stahlarmierung in den frischen Beton lege und mit entsprechenden Instrumenten die Eisenstäbe in die richtige Größe und Form bringe. Mit dieser Erklärung gab sich der Richter offensichtlich zufrieden. Aber die nächste Klippe nahte schon. „Verdienst?" fragte der Richter. Der Angeklagte sagte erst nichts, dann: „Ja."
„Himmeldonnerwetter" brüllte der Richter, „ ich will wissen, was Sie verdienen. „2.000,-" Das heißt „2.000,- DM im Mo-

nat ,, korrigierte der Richter." „Nein", entgegnete der Angeklagte, ,, in der Woche".
Jetzt war es mit der Ruhe des Richters vorbei.

Jeder der Beteiligten, Staatsanwalt, Verteidiger, Protokollführerin und Zuhörer warteten auf die Reaktion des ganz blaß
gewordenen Richters.
Sie konnten sich das Lachen kaum verkneifen. „Das ist ja
mehr als ein Richter im Monat verdient", bemerkte er grollend
und schaute sich bei den Schöffen und den sonstigen Anwesenden im Gerichtssaal Beifall suchend um. Der Angeklagte
glaubte, man erwarte eine Stellungnahme von ihm und sagte
laut und vernehmlich: ,,Ja, ich arbeite aber auch im Akkord!"
Der Staatsanwalt hielt seine Akte hoch und bemühte sich dahinter, sein Lachen zu unterdrücken, der Verteidiger beugte
sich zu seiner Aktentasche und kramte geschäftig darin herum.
Dem Richter war die Luft ausgegangen. Es hätte nicht viel
gefehlt und er wäre geplatzt. Und das Ende des Prozesses, die
Strafe erschien sowohl dem Staatsanwalt als auch dem Verteidiger zu hoch, beide legten Berufung zu Gunsten des Angeklagten ein, - was selten ist - und das Urteil wurde in der
nächsten Instanz herabgesetzt.

Was soll ich noch über den Richter sagen. Obwohl er wohl
von keinem geliebt wurde, bewarb er sich nach seiner Pensionierung für einen Posten der Rechtsanwaltskammer und wurde zum Ausbildungsberater bestellt. Er war für die Ausbildung
junger Rechtsanwaltsgehilfen zuständig, obwohl er nicht mit
Menschen umgehen.
Von dem Eisenbieger habe ich nichts mehr gehört.

12.
Der Flughafenarzt

Die deutsche Medizin ist eine der besten der Welt. Die Ausbildung der deutschen Ärzte gehört zu den längsten auf dieser Erde, die medizinischen Geräte sind besser als im afrikanischen Busch und unsere Medikamente sind die teuersten. Demnach kann jeder Patient in Deutschland beruhigt krank werden und sterben.

Für ihn ist gesorgt. Die Krankenkassen, falsch die Gesundheitskassen, die den Menschen rundum versichern, der Gesundheitsminister, der jede Woche einmal im Fernsehen auftritt und demnächst selbst die Rezepte per ministeriellem Erlaß ausstellen wird, alle sorgen für den Bürger. Nun ja, die Versicherungen, die gesamte Gesundheitsbürokratie kostet etwa so viel im Monat, daß sich jedes Ehepaar auch einen eigenen Assistenzarzt pro Monat halten könnte. Aber das ist eine andere Frage.

Hier will ich einen Fall schildern, der sich vor nicht zu langer Zeit auf einem Flug von Bombay nach Frankfurt/Main abspielte. Ein Freund von mir, er ist Psychiater, kam von einem Kongreß in Indien und wollte zurück in die Heimat.
Nach einem Flug von 6 Stunden mit der indischen Maschine kam plötzlich eine Durchsage durch den Lautsprecher, daß man einen Arzt suche. Mein Freund erinnerte sich an seine Verpflichtung als Arzt, in Notfällen zu helfen, obwohl er bereits seit mehr als 15 Jahren mit der normalen Medizin nichts mehr zu tun gehabt hatte.
Er begab er sich nach vorne in Richtung Küche. Dort wartete schon eine ehemalige Krankenschwester mit zwei Stewardessen, die sich um eine etwas heruntergekommen wirkende junge Frau Ende zwanzig, Anfang dreißig kümmerten.

Diese Frau lag auf den ersten Sitzen der 2. Klasse. Die Passagiere hatte man auf hintere Sitze verteilt. Die Frau war bleich, hatte die Augen geschlossen und atmete unregelmäßig. Bis Frankfurt waren es noch ca. 4 Stunden. Der Freund gab sich als Arzt zu erkennen und untersuchte, indem er die Relikte ärztlichen Ausbildung aus seiner Erinnerung kramte, die kranke Frau und fühlte ihren Puls, der sehr schwach war. Er bat die Stewardessen, in der Bordapotheke nachzusehen, welche Medikamente vorhanden waren. Nachdem sie ihm die kleine Auswahl gezeigt hatten und er aus den wenigen englischen Aufschriften der Zusammensetzung - das meiste war in indischer Sprache aufgedruckt - festgestellt hatte, welche Ingredienzen wohl kreislauferhöhende Wirkung haben könnten, flößte er der Frau eine Tablette mit Wasser ein. Mittels Tabletten, kalter Umschläge, Kaffee und viel Flüssigkeiten konnte der Zustand der jungen Frau bis zum Flughafen Frankfurt am Main stabil gehalten werden. Da die Maschine mit der jungen Frau noch bis nach Paris weiterfliegen sollte, beschloß der Freund, beim Notarzt am Flughafen vorzusprechen und zu bitten, nach dem Zustand der jungen Frau zu sehen, da er als Psychiater ja nur notdürftig habe helfen können.

Er begab sich also zur Flughafenklinik, einer Stelle, die mit allen ärztlichen Geräten modernster Art ausgestattet war. Dem diensthabenden Arzt erklärte er den Fall und meinte unter anderem, man müsse bei der jungen Frau ein EKG machen, denn die Gefahr eines Herzinfarkts bestehe noch. Er kenne sich aufgrund seiner langjährigen Tätigkeit als Psychiater aber mit den heutigen medizinischen Geräten nicht aus.
Er solle doch einmal zur indischen Maschine fahren und die Patientin untersuchen.

Wie überrascht war aber mein Freund, als ihm der diensthabende Arzt erklärte, er dürfe nur auf ausdrückliche Aufforderung durch die Fluggesellschaft an Bord gehen. Ein Anruf ergab, daß die Fluggesellschaft keinen Arzt oder ärztliche Hilfe angefordert hatte, obwohl mein Freund auf die Dringlichkeit aufmerksam gemacht hatte. Noch interessanter war für ihn jedoch die Erklärung des diensthabenden Arztes, daß er mit den medizinischen Geräten wie dem EKG-Gerät auch nicht umgehen könne, da er ebenfalls nur Psychiater sei und als stellungsloser Arzt hier nur den Notdienst verrichte.

Überzeugt von der medizinischen Versorgung im Flughafen fuhr mein Freund nach Hause.

13.
Der alte Hahn

In einem Dorf in Bayern, in dem es noch einige Bauernhöfe gab, lebten 2 Hähne. Der eine Hahn war alt und kränkelte. Er war in seiner Jugend sehr aktiv gewesen und hatte stets pünktlich um halb 6 in der Frühe die Menschen im damals noch kleinen Dorf mit 350 Einwohnern zum Aufstehen gerufen. Die Kirchenglocken hatten dann etwas später, nachdem der Küster durch das Krähen des Hahnes aufgeweckt und sich angezogen hatte, die Spätaufsteher aus den Betten geworfen. Heute war das alles Vergangenheit. Die Leute hatten Radiowecker, manche ließen sich durch den Telefonweckdienst wecken. Der alte Hahn kränkelte vor längerer Zeit. Dabei war er des öfteren so heiser, daß er nicht richtig laut und mit klarer Stimme seinen Dienst versehen konnte. Außerdem kam es 3- 4 Mal vor, daß er die Weckzeit verschlief und erst gegen Viertel vor 12 aufwachte. Zunächst hatte er gleich, als er aufgewacht war, gekräht. Als er dann zufällig ein Gespräch von 2 Menschen mitangehört hatte, die sich darüber lustig machten, daß er jeden Tag zu einer anderen Zeit krähen würde, hatte er über sich und seine Tätigkeit nachgedacht. Den Frühdienst um halb 6 Uhr konnte er auf Grund seines Gesundheitszustandes nicht ausüben, andererseits hatte er ein Amt, daß nicht einfach aufgegeben werden konnte. Er hätte auch nicht gewußt, bei welcher Stelle er um völligen Dispens hätte nachsuchen können. Seine Vorfahren waren schon gestorben. Auch gab es keine Nachbarn in unmittelbarer Nähe, die er hätte um Rat fragen können. Zeitweise war er der einzige Hahn im Dorf. Er beschloß deswegen, einen Kompromiß einzugehen und das Glockenläuten um 12 Uhr abzuwarten und beim letzten Glokkenschlag 4 Mal zu krähen. Damit gab er mit seinem Krähen der beginnenden Mittagszeit eine besondere Bedeutung; außerdem konnte er den Termin auch nicht verschlafen und die morgendliche Heiserkeit war vorüber.

So hatte er es jetzt schon eine Reihe von Jahren gehalten.

Am Anfang wunderten sich die Leute über die Zeit, zu der der Hahn krähte. Allmählich aber gewöhnten sich alle an 12 Uhr und nur wenn der alte Hahn einmal durch Krankheit verhindert war, gab es eine kurze Unterbrechung. Darüber ging eine längere Zeit ins Land. Früh um halb 6 Uhr krähte der Hahn nicht mehr, aber um 12 Uhr mit dem letzten Glockenschlag erhob der alte Hahn seine Stimme und krähte 4mal, so laut er konnte. So wäre es wohl bis zu seiner Pensionierung geblieben, wenn nicht etwas eingetreten wäre, was das Leben des alten Hahnes grundlegend ändern sollte. Der alte Hahn hatte sich wie immer gegen 7 Uhr abends - der Herbst näherte sich dem Winter- zu Bett begeben und war wie immer ruhig eingeschlafen mit gutem Gewissen, weil er seine Tagesarbeit ordnungsgemäß erledigt hatte. Plötzlich wachte er durch ein Geräusch auf. Es kam aus der Ferne und als er schlafend näher hinhörte, war es ihm klar: Es war das Krähen eines anderen Hahnes. Doch wieviel Uhr war es? Er sah durch das kleine Fenster des alten Schuppens, der seit Jahren seine Wohnung war und stellte fest, daß es noch stockdunkel war. In der Ferne hörte er das Geräusch der S- Bahn, die genau um halb 6 Uhr ihren Betrieb aufnahm. Glockenläuten um diese Zeit gab es schon lange nicht mehr, weil ein Bewohner das Läuten durch Gerichtsbeschluß hatte verbieten lassen.

Es gab also - stellte er fest - einen neuen Hahn im Dorf. Und dieser Hahn krähte - so wie er früher - um halb 6 Uhr. Das warf eine Menge Fragen auf und brachte einige Probleme mit sich. Man müßte einmal mit dem anderen Hahn reden und ihn von den Gepflogenheiten im Dorf unterrichten. Wahrscheinlich war es ein junger Kerl ohne Berufserfahrung von der Schule. Aber es ergab sich in der nächsten Zeit keine Gelegenheit zu einem Gespräch und so wurde er jeden Tag - wie auch alle anderen Bewohner des Dorfes - durch das Gekrähe des anderen Hahnes aus dem Schlafes gerissen. Anfangs nervte ihn der Krach in der Frühe, später gewöhnte er sich an das lästige Gekrähe seines Nebenbuhlers. Er selbst blieb bei seiner Gewohnheit, er krähte wie bisher um 12 Uhr. Wahrscheinlich wäre es bei dem unterschiedlichen Krähen der beiden Kontrahenten geblieben, wenn nicht ein Ereignis dazwischengekommen wäre, das alles änderte. Wie jeden Tag, seit des den neuen Hahn gab, wurde der alte Hahn durch das Krähen seines Konkurrenten um halb 6 Uhr wach. Er reckte und streckte sich und wollte gerade seinen Kopf wieder unter das Gefieder stecken, als er auf dem Hof das Knurren und dann das Bellen des Hofhundes hörte. Gleichzeitig vernahm er ein Flügelschlagen, das ihn irritierte. Er schaute zum Fenster heraus und sah - er wollte es kaum glauben - einen jungen Hahn flügelschlagend aufgeregt hin- und herlaufen. Der Hofhund lief laut bellend und zähnefletschend hinter dem fremden Eindringling her und versuchte, ihn am Flügel zu erhaschen. Der junge Hahn lief teilweise, teilweise flog er einige Meter, dabei stieß er jämmerliche Klagerufe aus. Der alte Hahn sah sich das Schauspiel eine Zeit lang amüsiert an, endlich beschloß er einzugreifen und dem Treiben ein Ende zu setzen. Er betrat gravitätisch den Hof und bedeutete durch eine lässige Geste mit dem rechten Flügel seinem Freund, dem Hofhund, er solle mit der Verfolgung aufhören.

Der Hofhund hielt inne, knurrte böse und wartete, was weiter geschehen würde. Zunächst gebot der alte Hahn Ruhe und sagte dann zu dem ängstlich und verschüchtert herumstehenden jungen Hahn: „Was wollt Ihr hier, mein Herr, und in welchem Aufzug erscheint Ihr hier? Wäre es nicht angebracht, bei einem Antrittsbesuch in geziemender Kleidung und nach gehöriger Voranmeldung zu erscheinen? Stellt Euch bitte vor. Habt Ihr einen Paß oder wenigstens ein Papier, eine Visitenkarte, mit der Ihr Euch ausweisen könnt?" Der junge Hahn stand sprachlos da und schüttelte verwirrt den Kopf. „Wer seid Ihr also, habt Ihr die Sprache verloren", fragte der alte Hahn. Endlich erholte sich der junge Hahn aus seiner Erstarrung, räusperte sich und hob die Stimme. Er begann mit stolz angeschwellter Brust, nachdem er sein Selbstbewußtsein wiedergewonnen hatte, zu erzählen: „Mein Name ist D´Artagnan Morgenschrei. Ich bin aus adligem Geschlecht, meine Eltern stammen aus der Gascogne. Als Kind wurde ich in Salem erzogen und für meine Arbeit als Erstgeborener des Hauses ausgebildet. Ich hatte etwas Probleme mit der Lehrerschaft. Sie wissen, wir aus gutem Hause haben viele Verpflichtungen und können deshalb nicht immer dem Unterricht folgen. Weil ich eine gute Stimme habe, ging ich auf das Konservatorium, um meine Stimme ausbilden zu lassen. Leider konnte ich meine Ausbildung nicht zu Ende bringen, da mein Vater starb und ich in mein Elternhaus zurückkehren mußte. Um den Lebensunterhalt für meine Verwandten zu sichern, verdingte ich mich zunächst bei einem Adeligen in Burgund. Der zog dann nach Deutschland um, weil er die Leitung der Filiale von McDonald´s in München übernahm. Er nahm mich mit, weil er ein Bauerngehöft in der Nähe der Stadt kaufte. Seit dieser Zeit übe ich meinen Dienst, wie ich es in dem Konservatorium gelernt habe pünktlich, genau und mit klarer Stimme aus. Ich bin stolz, noch niemals versagt zu haben. Ich brauche wohl nicht auf die Wichtigkeit meiner Aufgabe hinzuweisen."

Der alte Hahn, der sich die Erzählung des jungen Hahnes ruhig und ohne den jungen Hahn zu unterbrechen, angehört hatte, sagte, nachdem der junge Hahn geendet hatte: „So, so, von vornehmer Herkunft ist der Kollege." Dabei betonte er das Wort „Kollege" besonders. Man muß wissen, daß das Wort „Kollege" eines der größten Schimpfwörter für den alten Hahn war. Das hatte seinen Grund in der Vergangenheit. Als er noch aktiv im Berufsleben gestanden hatte, hatten ihn ab und zu andere Hähne um Rat gebeten. Sie waren stets freundlich gewesen, zumindest bei der Kontaktaufnahme und immer hatte ihr Anliegen mit „Sehr geehrter" oder „lieber Kollege" begonnen. Später hatte sich dann immer irgendein Ärger eingestellt. Entweder hatten die Kollegen ihn betrogen, ihn bei anderen schlecht gemacht oder er hatte einen anderen Nachteil gehabt. Das hatte ihn mißtrauisch gemacht gegen alle Reden, die mit „Herr Kollege" begonnen hatten. Nach und nach war dann das Wort „Kollege" für ihn zu einem Schimpfwort bzw. zum Zeichen seiner tief empfundenen Mißachtung geworden. Der alte Hahn wandte sich an den jungen Hahn und fragte ihn: „Nachdem ich nun Ihre Lebensgeschichte gehört habe, können Sie vielleicht erklären, was Sie so plötzlich und ohne Vorankündigung hierher geführt hat!" Aufgeregt und mit großer Entrüstung entgegnete der junge Hahn: „Ein Verrückter bedrohte mich mit einem Beil. Wäre ich nicht in letzter Minute geflüchtet, er hätte mich totgeschlagen und das am heiligen Sonntag!" „Ja, vielleicht haben Sie Ihre Arbeit nicht richtig ausgeführt", sagte der alte Hahn. Damit kam er aber bei dem jungen Hahn an den Richtigen. „Ich soll nicht gut gearbeitet haben, das ist ja das Letzte. Ich bin im Augenblick der Einzige, der noch eine Arbeitsmoral hat. Sie haben ja offensichtlich vor Jahren die Aufgaben eines Hahnes vernachlässigt und später völlig aufgegeben. Jetzt krähen Sie ja nur noch zum Vergnügen und auch nicht zur angegebenen Zeit in den nach der Hahnordnung festgelegten Grundsätzen. Man müßte Sie vor das Hahnenehrengericht bringen. Sie sind eine Schande für den gesamten Berufsstand." „Mir scheint", sagte der Hahn gelassen, „ er glaubt selbst, was er da sagt. Ja, was tun Sie denn Besonderes?" Der junge Hahn wurde rot vor Wut und Empörung, sein Kamm schwoll an. „Das ist ja unerhört. Eine solche Unverschämtheit hat man ja noch nicht gehört! Jeden Tag um halb 6 Uhr krähe ich, wie es vorgeschrieben ist, wecke die Leute und helfe damit, daß die Ehefrauen das Frühstück machen, die Arbeiter rechtzeitig zur Arbeit und die Kinder pünktlich in die Schule kommen. Wenn ich nicht so zeitig meinen Dienst tun würde, kämen alle zu spät. Ja der

Küster würde auch die Gläubigen nicht in die Kirche bekommen, der Pfarrer zu spät kommen." Der alte Hahn hatte amüsiert zugehört, dann erhob er seine Stimme und sagte spöttisch: „Und das soll die Wahrheit sein? Alle diese wichtigen Aufgaben üben Sie aus? Die Wirklichkeit sieht doch ganz anders aus! Sicher ist es richtig, daß Sie um halb 6 Uhr jeden Tag krähen. Aber damit erschöpft sich schon die Übereinstimmung mit der Wirklichkeit. Tatsächlich nutzen Sie niemandem mit Ihrem Gekrähe. Alle Haushalte haben einen Radiowecker. Gäste in dem einzigen Hotel, das wir haben, werden durch das Telefon geweckt. Selbst die Glocken läuten heute nicht mehr. Es gibt in unserem Dorf weder einen Küster noch einen Priester, die Glocken werden nur noch am Sonntag geläutet und das erst um halb 10 Uhr und dazu noch automatisch. Sonst stört das Gekrähe nur. Meine Aufgabe dagegen ist entgegen Ihrer Ansicht der Zeit angepaßt und heute von besonderer Bedeutung. Der junge Hahn lachte verächtlich: „Sie wollen meine Aufgabe haben! Wenn ich in Konkurrenz mit der Technik wie dem Radiowecker und dem telefonischen Weckdienst stehe, was ist dann Ihr Gekrähe um 12 Uhr, wo alle wach sind und schon zur Arbeit gegangen sind." „Da sieht man, daß Sie nichts verstanden haben", entgegnete der alte Hahn. „Ja, ich krähe, wenn alle - alle Ehemänner", verbesserte er, „ im Amt oder bei der Arbeit, also nicht zu Hause sind. Welchen Sinn das hat?" Der alte Hahn gab sogleich die Antwort auf seine rhetorische Frage: „Wenn die Ehemänner nicht zu Hause sind, kommen gegen halb 10 die Freunde, die Geliebten der Ehefrauen. Um 12 Uhr trete dann ich auf den Plan; wenn ich krähe, dann ist es Zeit, daß die Frau einkaufen geht und das Essen aufsetzt, weil nach 13 Uhr die Kinder aus der Schule kommen. Bei meinem letzten Schrei ist Anziehen und Betten machen angesagt, der Geliebte verläßt durch die Hintertür das Haus. Auch die Ehefrauen, die mehr auf Sekt als Sex stehen, verlassen bei meinem letzten Schrei ihre Nachbarin nach dem gemütlichen Beisammensein und richten das

Mittagessen. Die Studenten, die die Diskussion der letzten Nacht mit Alkohol und Zigaretten ausgeschlafen haben, erheben sich aus den Federn, wenn ich um 12 Uhr krähe und gehen ins Seminar oder in die Vorlesung. Ja, und dann haben wir noch die Beamten und die Angestellten der öffentlichen Verwaltung. Mein Krähen gibt das Zeichen für das Kaffeetrinken am Vormittag, die Erzählungen über den vergangenen Abend, die Weltpolitik oder die Mode einzustellen, das kleine Nickerchen abzubrechen und zum Mittagessen in die Kantine zu gehen."

Er wandte sich an den jungen Hahn. „Sehen Sie jetzt, wie wichtig meine Arbeit ist? Sie müßten fliehen. Warum? Das wissen Sie nicht? Ich kann es Ihnen sagen, weil Sie und Ihre Arbeit überflüssig sind. Sie stören, vor allem am Sonntag mit Ihrem Gekrähe die Sonn- und Feiertagsruhe. Die Leute wollen schlafen und nicht in die Frühmesse. Die gibt es nicht, denn der Pfarrer will auch länger schlafen."

14.
Ich habe einen Freund

Die Größe der Welt ist keine objektive Größe, sie hängt vom Einzelnen ab. Nur er bestimmt, wieviele Pflanzen, Tiere und Menschen es gibt, wieviele Sterne, wieviele Meere und was am wichtigsten ist, wieviele Menschen. Er kann nur begrenzt denken, was nützen ihm Zahlen, die er nicht begreifen kann. Sie glauben das nicht, für Sie zählen nur objektive Kriterien? Na gut, vielleicht lassen Sie sich von der nachfolgenden Begebenheit eines besseren belehren.

Wir verbrachten vor einigen Jahren einen Urlaub in Sri Lanka, einem für Touristen sehr schönen Land mit herrlich weißem Strand, einem dunkelblau glitzerndem Meer und schönen freundlichen Menschen.
Ist Ihr politischer Zorn herausgefordert? Ich kenne die sozialen und die politischen Probleme zwischen Nord und Süd, den beiden Hauptreligionen, den kriegerische Auseinandersetzungen, aber da sie in dieser Begebenheit keine Rolle spielen, brauche ich auch nicht darauf einzugehen.

Wir genossen einen schönen Urlaub, nachdem wir per Auto die Insel und ihre landschaftlichen Schönheiten kennengelernt hatten, in einem der herrlich gelegenen Hotels in einem Palmenhain am Strand ausspannten und Bücher lasen. Unser Zimmer wurde immer vom Boy, einem dunkelbraunen, etwa 30 Jahre alten kleinen Mann gemacht, der eine weiße Bluse und einen blau-gestreiften Wickelrock sowie einfache Sandalen, aus Stroh geflochten, trug. Sein Markenzeichen war, er lachte immer. Nie habe ich ihn unfreundlich gesehen.

Die ersten beiden Tage - wir verbrachten eine Woche im Hotel - hatten wir ihn nicht zu Gesicht bekommen. Er räumte das Zimmer gegen 10.30 Uhr auf. Um diese Zeit hatten wir uns nach dem Frühstück in den Garten begeben, waren durch den Park und am anschließenden Sandstrand spazierengegangen, hatten mit Händlern um Batiktücher gefeilscht, mit Kindern Ball gespielt und Heimatanschriften mit ihnen ausgetauscht.

Da meine Frau ein Badetuch holen wollte, waren wir an einem Tag unversehens auf unser Zimmer gegangen, hatten die Tür offen gefunden und unseren dunkelbraunen Zimmerboy bei der Arbeit gefunden.
Er kehrte mit einem Besen aus Palmblätter das Zimmer, machte die Betten und stellte Eiswassser in einer Karaffe auf den Tisch. Er füllte den Vorrat des köstlichen Ceylon-Tees auf und verschwand dann in eines der Nachbarzimmer.

Abends erschien er dann gegen 21 Uhr und deckte die Betten auf und legte auf jedes Bett eine stark duftende Trompeten-blüte. Ab und zu trafen wir unseren Boy wieder, gaben ihm ein kleines Trinkgeld und plauderten mit ihm. Bald wußten wir über ihn Bescheid, kannten seine Familienverhältnisse, wußten, daß sein ältester Sohn – er hatte zwei Söhne und eine Tochter - im nächsten Monat als Liftboy im Hotel anfangen würde. Er selbst war schon 10 Jahre hier tätig und wollte, wenn nichts dazwischen käme, auch die nächsten Jahre im Hotel bleiben. Vielleicht konnte er befördert werden, wenn der Chef der Putzkolonne in 2 Monaten in das größere Hotel nach Colombo gehen würde. Er machte einen rundum zufrie-denen Eindruck. Einen Tag vor unserer Abfahrt fragte er uns, woher wir kämen. Wir erklärten ihm, daß wir aus Deutschland hierher gekommen seien.
Das löste eine wahre Begeisterung aus.
Er erklärte uns, daß er die Deutschen liebe, denn „I have a friend from Germany, Hans Müller from Dortmund, you know him ?"

Brauche ich noch zu erwähnen, daß die Welt nur so groß ist, wie sie sich jeder vorstellt ?

15.
Der behördliche Vorgang- der Erbschein

Was man macht, wenn ein Mensch stirbt, der einem nahesteht, wie das mit der Erbschaft ist, alles das sind Fragen, die man nicht so einfach beantworten kann.
Deshalb empfiehlt es sich in vielen Fällen, einen Sach- bzw. rechtskundigen Rat einzuholen. Was macht man aber, wenn alles das geschehen ist und die Behörde oder das Gericht nicht so reagiert, wie es einem der Rechtskundige erklärt hat.

Der Sachverhalt war folgender: Der 86-jährige Vater und Großvater war gestorben. Die beiden Kinder - der Sohn war 52 Jahre alt, die Tochter 50 Jahre alt - waren sie zu einem ihnen bekannten Notar gegangen und hatten ihn um Rat gefragt. Der Notar hatte nach Testamenten gefragt, die hatte der Vater nicht gemacht. Der Notar erklärte ihnen, daß sie als Sohn und Tochter, demnach die einzigen Erben seien.
Er werde für sie einen Antrag auf einen Erbschein stellen, den sie in seiner Gegenwart unterzeichnen müßten. Dann werde er die Geburtsurkunden und Todesurkunden des verstorbenen Vaters, der vor Jahren verstorbenen Mutter und ihre eigenen Geburtsurkunden an das Gericht senden. Das Gericht werde dann einen Erbschein erstellen und sie könnten über das Erbe, außer einigen persönlichen Dingen und etwas Geld war nichts da, verfügen. So wurde es auch gemacht.

Kurze Zeit später erhielten Sohn und Tochter eine schöne, gebundene, mit dem Siegel des Notars versehene Urkunde in der Hand, aus der sich ergab, daß nur sie als Erben in Betracht kämen und sie den Antrag stellten, vom Gericht als Erben eingesetzt zu werden. Inzwischen war Ihnen auch ein umfangreiches Formular vom Finanzamt zugegangen, in dem unzählige Fragen nach den verschiedensten Arten von Vermögensgegenständen standen. Es wurde nach Grundstücken, Aktien,

Schmuck und Versicherungen gefragt. Nachdem sie sich das Formular fünfmal durchgelesen hatten, stellten sie fest, daß bei der kleinen Erbschaft die meisten Fragen gar nicht beantwortet zu werden brauchten. Auch mit der Bank hatten sie sich geeinigt. Das Geld auf dem Konto des Vaters würden sie bis zur Erteilung des Erbscheins durch das Gericht nicht antasten, aber die Bank würde auch die laufenden Überweisungen nicht mehr ausführen, da sie nach dem Tode des Vaters ja auch entbehrlich waren. Mit der Lebensversicherung, die ihr Vater abgeschlossen hatte, hatten sie Einvernehmen erzielt. Sie hatten alle anderen Versicherungen gekündigt. Die Beerdigung war schon vor 2 Wochen vorbei, alle Danksagungen für Kondolenzschreiben waren weggeschickt.

Jetzt wartete man nur noch auf den Erbschein, um die Kleidungsstücke in die Kleidersammlung und die alten Möbel in den Sperrmüll geben zu können. Und mit den restlichen 2.000,- DM auf dem Konto bei der Bank den Grabstein zu bezahlen, der schon in Auftrag gegeben war.

Nach weiteren 4 Wochen, der Tod ihres Vaters war nun schon 6 Wochen vorbei, kam ein Schreiben des zuständigen Amtsgerichts. Es war an ihren verstorbenen Vater gerichtet. Dort war folgendes zu lesen: „Herr X und Frau Y" - dabei handelte es sich um Sohn und Tochter - „haben einen Antrag auf Erteilung eines Erbscheines nach Ihrem Tod gestellt. Kommen Sie bitte am Donnerstag, den ... zum Amtsgericht..., Gebäude..., Zimmer 232 zwecks Rücksprache. Bringen Sie bitte Ihren Bundespersonalausweis mit. gez. Rechtspfleger." Es folgte ein Dienstsiegel.

Völlig verwirrt riefen die beiden Erben den Notar an. Der murmelte etwas von Schwachsinn der Behörden und riet ihnen, sie sollten ein kurzes Schreiben an das Gericht senden, in dem sollten sie dem Herrn Rechtspfleger mitteilten, wie aus dem Schreiben des Notars und seinem Erbscheinsantrag hervorgehe, sei Ihr Vater, in dessen Namen sie schrieben, leider verstorben. Es sei deshalb einfacher, der Herr Rechtspfleger suche Ihren Vater auf dem Hauptfriedhof der Stadt, Grabstelle Nr. ... auf.

Nach weiteren 2 Wochen erhielten die Erben den Erbschein vom zuständigen Gericht.

16.
Keglerglück

Eine längere Zeit gehörte ich einem Kegelclub an. Die Mitglieder - alles Staatsanwälte und Richter - trafen sich alle 14 Tage um 18 Uhr in einem Lokal mit einer Reihe von Kegelbahnen, um diesen Sport unter Zuhilfenahme von dortigem Essen, einigen Bieren und einigen Schnäpsen - „Kurze" genannt - möglichst effektiv zu betreiben. Ich war mit Hilfe zweier Staatsanwälte, die ich in einem Prozeß als nette Leute kennengelernt hatte, mehrmals als Gast mitgenommen worden.

Nachdem die Mehrheit mich wohl annehmbar gefunden hatte, war ich in einer kurzen Zeremonie mittels einer „Freirunde" von Kurzen als einziger Nichtrichter und Nichtstaatsanwalt aufgenommen worden. Die kegelabendliche Zeremonie ging, wie folgt, vonstatten:

Gegen 18 Uhr waren etwa 2 bis 3 nur aus männlichen Mitgliedern bestehenden Kreis anwesend. Diese begannen zunächst, sich aus einem, allein diesem Kreis vorbehaltenen, im Flur befindlichen, verschlossenen Kasten, zu dem allein der Kassierer des Vereins den Schlüssel hatte - weswegen er auch immer zu den ersten Anwesenden gehören müßte - die Schuhe herauszuholen und die Straßenschuhe auszuziehen und gegen die Sportschuhe auszutauschen.

Dann folgte, nachdem inzwischen der Ober herbeigeeilt war, die Bestellung der Getränke, Bier, Apfelwein und für die „ernsthaften" Spieler Wasser.

Was ein „ernsthafter" Spieler ist, das ist doch klar, einer der unter allen Umständen gewinnen will.

Wenn ein solcher auch nicht an jedem Kegelabend ohne weiteres zu erkennen ist, so doch in jedem Fall bei sogenannten Kegelausflügen. Dort wird die Kegelkasse in Form von Prei-

sen ausgespielt, d. h., dem Gewinner eines Kegelspiels winkt .
bzw. droht ein Preis. Das kann eine Flasche Schnaps, ein mu-
schelverzierter Aschenbecher, eine Götzenskulptur aus dem
Urlaub sein, die ein Kegelbruder gestiftet hat und die wegen
der „filigranen" Ausgestaltung und des hohen Alters, ca. zur
Zeit der Conquistadoren, besonders wertvoll ist. Etwas stö-
rend ist die Gravierung auf der Fußunterseite „Made in Ko-
rea."

Dieser 1. Preis, um den zu allererst gekegelt wird, verlangt
besondere Konzentration, was die beiden einzigen besonderen Würdenträger dazu veranlaßt, Kaffee statt Alkohol zu
trinken. Zur großen Genugtuung der versammelten Schar von
Strafjuristen erringt tatsächlich einer der beiden Herren die
Skulptur, der andere den wunderschönen Aschenbecher. Wir
anderen begnügen uns mit den als Trostpreisen ausgespielten
Spirituosen, die sehr bald probiert werden und dadurch meist
nicht mehr nach Hause getragen werden müssen. Was weg ist,
ist weg und belastet nicht mehr!

So, doch nun zurück zu den normalen Kegelabenden bzw. zu
einem ganz besonderen. Wie schon angedeutet, gibt es immer
besondere Ereignisse, die zu Freirunden zwingen, d. h., einer
ist der Glückliche, der eine Runde Schnaps oder Bier bezahlen
darf. Abgesehen von den jährlich wiederkehrenden Tagen:
Geburtstagen und abwechselnd vorkommenden Jubiläen, z.B.
10, 15, 20, 25 usw. Jahre als Staatsanwalt oder Richter. Nein,
die Zahl der lebenslänglichen Urteile, die man gefordert, erhalten oder verhängt hat, wird nicht gefeiert. Geburten und
Eheschließungen von Kindern, deren Examina, Hochzeitstage,
Beförderungen usw. werden gefeiert. Daneben gibt es aber
auch Momentereignisse, die aus dem Kegelspiel entstehen:
So, wenn ein Kegler mehrfach hintereinander daneben wirft
oder mehrmals alle Kugeln trifft.

Bei der ersten Konstellation wird die Runde Schnaps für die Mitkegler je nach Betroffenen mit versteinertem Gesicht beim Ober bestellt und mit gequältem Gesichtsausdruck getrunken. Schließlich kommt das Unglück der Runde Schnaps zu dem Mißgeschick des verlorenen Spiels noch hinzu. Es gibt Spiele, bei denen jeder Kegler einen Anzahl Würfe - sagen wir 10 - hintereinander hat. Die umgeworfenen Kegel werden dann mit einer Zahl multipliziert und die Summe der einzelnen Würfe wird addiert. Kommt als Endergebnis eine Summe mit 2 gleichen Endzahlen heraus, so handelt es sich um eine sogenannte Schnapszahl. Ich brauche wohl kaum zu erklären, was die Folge dieser Schnapszahl für den „unglücklichen" Spender bedeutet. Soweit das Grundsätzliche!

Während sich nun die meisten Kegelbrüder durch Gespräche und Alkohol in entsprechender Stimmung befinden und je nach Talent treffsicherer werden oder immer mehr daneben werfen, hat das bei den obengenannten Oberstaatsanwälten andere Auswirkungen. Einerseits müssen sie aufpassen, daß sie bei den einzelnen Spielen nicht zu den letzten gehören, da der Verlierer je nach Rangplatz den Verlust in 10 Pfg- Stükken zahlen muß, während der Sieger von der Zahlung ausgenommen ist. Bei 10 Teilnehmern zahlt demnach der letzte 0,90 DM. Andererseits besteht die Gefahr des Werfens von Schnapszahlen. Unter uns, in den vielen Jahren, in denen ich dabei war, mußte niemals jemand mehr als 5,- DM und/ oder 2 Schnapsrunden für den Verlust von Kegelspielen bezahlen. Na ja, der Ehrgeiz...! So, ich nehme an, Sie haben das Grundsätzliche verstanden. Vielleicht noch einige Worte zu den Schnapsrunden anläßlich von großen Ereignissen des Jubilars. Meist war das Jubiläum dem Kassierer bereits vor dem Kegelabend bekannt, z. B. der Geburtstag, der vor einigen Tagen stattgefunden hatte, die Beförderung usw. und die Schnapsrunde, eine Ehrensache, galt als bestellt. Die Bestellung wurde unter großem Beifallssturm der übrigen Teilnehmer nur dem

Ober weitergegeben. Nicht so bei unseren Honoratioren, den Meistverdienenden, den beiden Abteilungsleitern der Staatsanwaltschaft.

Zunächst schauten sie sich um, wie viele Kegelbrüder heute anwesend waren - ich muß dazu sagen, der Mitgliederbestand schwächte sich von Mal zu Mal zwischen 5 und 14 ab- wenn nur wenige Kollegen da waren, bestellten sie schnell die Runde Schnaps und etwa später kommende hatten Pech gehabt. Waren zu viele Leute da, versuchten sie die Schnapsrunde auf das nächste Mal zu verschieben.

Während einer der beiden - er war nicht ganz so „sparsam" - meist nach kurzer Zeit die Verschiebungsabsicht bei Protest der anwesenden Mitglieder aufgab und die Runde Schnaps bezahlte, entwickelte der andere - ich will ihn einmal Erich nennen - ohne daß der Name etwas zu sagen hätte oder der Kollege etwa so hieß, weil er den Eindruck machte, in seiner Kasse herrsche immer Ebbe - eine regelrechte Abwehr - und Verschiebungsstrategie. Er erklärte, heute sei er mit dem Auto da und könne bei der Runde Schnaps nicht mittrinken, es fehlten heute zu viele Kollegen oder er hatte schlicht und ergreifend nicht so viel Geld dabei. Gleichzeitig erzählte er uns von seinen nicht ganz billigen Reisen, so etwa nach Finnland. Unser Kassierer - besser Schatzmeister - berichtete uns dann beim nächsten Kegelabend, er habe nach Abrechnung der zu zahlenden Strafen unter dem Kleingeld statt der 21,30 nur 20,30 DM und eine Finnmark entdeckt.

Na, also, man wird sich doch einmal irren können!
Doch das sind alles nur Präliminarien, damit Sie die folgende Episode auch richtig verstehen können.

Also, unser Abteilungsleiter der Staatsanwaltschaft namens Erich stand heute an der Tafel und führte Buch über die einzelnen Würfe, zählte sie ordnungsgemäß zusammen. Ich muß dazu sagen, jeder kommt im Laufe eines Abends einmal dran.

Er stellte soeben, laut vor sich hersagend, fest, er dürfe beim nächsten Mal keine 4 werfen, da er dann bei der Endsumme auf 111 komme, also eine Schnapszahl:
Nicht bedacht hatte er dabei, daß er sich der Addition des letzten Wurfs um 1 zu seinen Gunsten verrechnet hatte. Zwei oder drei Kegelbrüder hatten es aber - wie ein leichtes Lächeln und Nicken zu den anderen bewies - sehr wohl bemerkt und warteten gespannt bzw. hofften auf das glückliche Ergebnis des nächsten Wurfes des Kollegen Erich. Dieser strengte sich an, so gut er konnte, wählte die richtige Kugel aus und traf. Vier Kegel fielen um. Ein riesiges Hallo ertönte, alles schrie durcheinander. Derjenige, der am nächsten an der Tür saß, rannte raus, um beim Kellner die Bestellung aufzugeben. Es vergingen keine 5 Minuten, der höhnische Beifall hatte noch nicht geendet, als der Schnaps schon kam und der „edle" Spender hoch gepriesen wurde. Dieser nahm mit versteinertem Gesicht und unhörbarem Fluchen die Glückwünsche entgegen. Wir tranken aus, sahen uns verschmitzt an und begannen ein neues Spiel. Unser Wohltäter sah dann auf die Tafel, konzentrierte sich und man sah, wie er anfing zu rechnen. Er rechnete nochmals, sprang plötzlich zur Tafel und schrie, es kommt gar nicht 111, sondern 110 heraus. Stühle fielen um, ein volles Glas fiel zu Boden, ehrwürdige Richter und Staatsanwälte bogen sich vor Lachen.
Nur der Spender war unsterblich sauer, packte seine Sachen und ging nach Hause. Sein Kommentar: „Das hätte ich von Ihnen nicht gedacht."

Inzwischen ist der Kegelclub längst aufgelöst, ein großer Teil der Mitglieder ist schon tot. Das Vereinsvermögen mit Ausnahme von 53, 80 DM wurden bei einem gemeinsamen Abend vor vielen Jahren vertrunken. Was mit den 53,80 DM geworden ist, ist eine Erzählung für sich.

Das Gemeinschaftsvermögen lag bei der Bank. Zu diesem
Konto hatten der Schatzmeister - inzwischen Vorsitzender einer Strafkammer - und der letzte Präsident - einer der beiden
schon lange pensionierten Oberstaatsanwälte - Verfügungsbe-
rechtigung. Der Schatzmeister, ein Freund von mir, erzählte
mir eines Tages von dem Guthaben und wir beschlossen, noch
2 ehemalige Kegelbrüder aufzutreiben, jeder 50 -100 DM ein-
zuzahlen und einen gemeinsamen Kegelausflug in Erinnerung
an alte Zeiten durchzuführen. Der alte Präsident war inzwischen in den Schwarzwald gezogen, der Schatzmeister versprach, ihn ebenfalls zu benachrichtigen. Bevor er ihn aber benachrichtigen konnte und wir unser Vorhaben durchführen
konnten, kam er eines Tages mit einem lachenden Auge auf
mich zu und erzählte mir von der neuesten Entwicklung.

Er war bei der Bank gewesen. Dabei hatte er sich auch den
Kontoauszug des Vereinskontos geben lassen. Zu seiner
Überraschung mußte er feststellen, daß der Präsident - er war
jetzt 86 Jahre alt - von seinem letzten Aufenthaltsort, wo er
bei seiner Tochter lebte, den Betrag von 53, 80 DM abgehoben hatte.
Lange überlegten wir, was wir tun sollten.

Wir kamen zu dem Schluß, das Kapitel „Kegelclub" damit zu
beenden, daß der Schatzmeister dem Präsidenten auch alles
Vermögen des Vereins, also die übriggebliebene Finnmark,
übersenden wollte.

So geschah es dann auch!

17.
Der Übervater

Jetzt stellen Sie sich einmal vor, Sie haben einen Ausbilder, der Ihnen das Leben schwer macht, der Sie bis auf´s Blut quält, einen Lehrer, der Sie zu jeder Gelegenheit heruntermacht, der Ihnen immer wieder in Gegenwart von Kollegen klarmacht, wie dumm Sie sind!

Würden Sie diesen Mann verherrlichen, sich heute noch an Geschichte freuen, die seine Arroganz zeigen? Oder läge Ihnen etwas daran, mitzuteilen, wie er Freunde von Ihnen niedergemacht hat, Nettigkeiten strikt abgelehnt hat, kurz: sich menschlich unmöglich benommen hat.

Nein, das könnten Sie nicht. Auch ich habe immer wieder Probleme mit derartigen Geschichten. Schon zu Lebzeiten - ich will ihn Übervater nennen - gab es diese Erzählungen, aber sie haben auch nach seinem Tod nicht aufgehört.
Da ich diesen Mann nur aus den Berichten von Betroffenen kenne, er aber jedes Jahr beim Treffen seiner inzwischen 50-60 Jahre alten Schüler mit unterschiedlichen Fakten höre, bin ich darauf angewiesen, zusammenfassend zu berichten, ohne einen Anspruch auf Vollständigkeit zu erheben. Offensichtlich muß es eine Zeit gegeben haben, als die Universität München bzw. ihre Fakultät für katholische Theologie beschloß, den Übervater für katholische Theologie als Professor zu berufen.

Er hatte auf seinem Gebiet offensichtlich große Reputation und genoß auch international großes Ansehen. Er war mit großer Redefähigkeit begabt und seine Forschungsergebnisse konnten sich sehen lassen. Doch wie „er" mit seinen Studenten umsprang, schlimmer aber noch mit seinen wissenschaftlichen Assistenten, Doktoranden oder seinen Berufskollegen,

wenn sie aus seiner Schule stammten, war schon sprichwört-
lich.
Viele, das heißt, alle seine Untaten, habe ich von seinen
Schülern, jetzigen Professoren der gleichen Fachrichtung, gehört, die ihn - man höre und staune - trotz der gewaltigen
Schikanen noch immer, sogar noch nach seinem Tode offensichtlich verehren.

Bei den jährlichen Zusammentreffen gingen und gehen alle
Gespräche beim gemütlichen Zusammensein um dieses Thema
und man hört nie - zumindest in den letzten 10 Jahren nicht -
von den hervorragenden Forschungsergebnissen, sondern mit
Begeisterung dieser Schüler von Schikanen dem einen oder
anderen gegenüber, wobei man sich selbst nicht ausschließt
und in einem anderen Kollege einen erblickt, der noch mehr
„gepiesackt" worden ist. Wir Jüngeren schauen diesen Erzählungen zumeist fassungslos und staunend zu, wenn wir bei-
spielsweise hören, daß es dieser Übervater geschafft hat, seine
eigenen Schüler gegen den Widerstand aller damaligen Kollegen durch das Doktorexamen oder die Habilitation durchfallen
zu lassen, dafür verantwortlich war, daß dieser Schüler keine
Stelle als Wissenschaftler erhielt oder durch seine Schikanen
hervorragende Schüler die Konfession wechselte.

Nach den Erzählungen spielte sich dieser, „sich christlicher
Theologe schimpfende Wissenschaftler" offensichtlich auf wie
ein Despot einer Bananenrepublik.

Das ging über das Tragen von Aktentaschen der wissenschaftlichen Assistenten hinaus.
Es trug schon pathologische Züge, wenn er Schüler, Doktoranden und Professoren zu einer Unterredung nach München
oder später nach seiner Emeritierung nach Paderborn bestellte und ihnen dann, wenn sie kamen, die Tür nicht öffnete

ihnen am Fenster erklärte, er sei heute nicht in Stimmung. Sie sollten sich wegscheren.

Ein exorbitantes Beispiel „sonnenköniglichen Gehabes" scheinen jedoch seine Wanderungen durch Deutschland und Italien gewesen zu sein, bei denen er sich eines Assistenten zur Beförderung des Gepäckes, eines anderen als Weggefährten bediente. Der Letztere, bereits promoviert und bis zu seinem Tode im letzten Jahr ebenfalls Professor, durfte aber nicht mit ihm zusammen spazieren, sondern mußte in gehörigem Abstand vor ihm herlaufen. Wohl ein Dutzend Mal soll er sein Testament geändert haben und Streit mit ehemaligen Schülern, Haushälterinnen und andere Personen gehabt haben. Wenn man den Erzählungen glaubt - und da sie von Jahr zu Jahr wiederholt werden, habe ich keine Zweifel - war er ein besonderes Ekel.

Ich will mich nicht damit auseinandersetzen, wie sich seine charakterlichen Eigenschaften mit seiner theologischen Berufung vertrugen. Faszinierend ist eigentlich nur das Verhalten der Schüler in Abhängigkeit und ihre Anhänglichkeit nach der Lösung von ihm. Haben Sie die Schikanen genossen? Imponieren Ihnen die offen zutage-tretenden diktatorischen Maßnahmen, zu denen sie nicht fähig waren, was sie heraushebt ihrem Übervater gegenüber oder ist es das gleiche Phänomen, das man bei Söhnen von strengen Vätern erlebt? Kaum sind diese despotischen Väter tot, werden sie von ihren in der Kindheit und Jugend geknechteten Söhnen als die besten Väter der Welt gelobt.

Nur diese konnten mit ihrer strengen Art der Erziehung sie, die ungehorsamen, dummen, uneinsichtigen Söhne auf den Weg der Tugend bringen. Kein Schlag, keine Strafe war zu viel, das Ergebnis zwingt es. Nur durch diese strengsten Maßnahmen waren sie in der Lage, Zucht und Ordnung in den Mittelpunkt ihres Denkens zu stellen.

Dieser Übervater hat sie auf den rechten Weg gebracht. Waren die Maßnahmen des eigenen Vaters oder des Doktorvaters noch so hinterhältig, unfair und gemein, sie zeigten dem widerspenstigen Sohn das wahre Leben, stärkten ihn für den Kampf, den man auch in der Kirche wie im wahren Leben bestehen muß.

Es leben die Übervater - jedes Jahr erneut!

18.
Selbstverständlich spiele ich Golf!

Golf ist „in"! Wenn mich früher die Kollegen und Freunde fragten, ob ich auch Golf spiele, antwortete ich Ihnen jedes Mal: „Ich schlafe noch mit meiner Frau." Diese Antwort zählt nicht mehr. Denn die älteste meiner 4 Frauen - ich entstamme einem Frauenhaushalt, eine Ehefrau und 3 Töchter - erklärte mir, ich müsse endlich Sport treiben, ich wäre körperlich völlig unbeweglich und müsse nicht nur etwas für den Geist, sondern auch etwas für die Gesundheit tun. Außerdem sei es nicht so schwer, es sei wahrscheinlich so ähnlich wie das Minigolfen.

Nun, habe ich zwar noch nie gern Minigolf gespielt, aber da das Drängen nicht aufhörte und sogar meine 78jährige Mutter erklärte, ich solle das doch mal probieren, sie selbst habe es schon immer vorgehabt, so ließ ich mich an einem heiligen Sonntag zu einer Fahrt zur sog. Driving Range eines vor der Eröffnung stehenden Golfplatzes überreden.

Es nieselte und nach viermaliger Nachfrage standen wir auf einem Schotterplatz, auf dem 20-30 Autos geparkt waren. Auf der linken Seite war eine Art Legebatterie, kleinste Holzzellen mit einer Tür. Zur Wiese hin waren die Verschläge offen und in den Zellen standen Männer und Frauen und versuchten, von einem Grünen Teppich aus mit einer Art Hokkeyschläger einen kleinen weißen narbigen Ball in hohem Bogen auf die Wiese zu schlagen. Während manche Leute ein gewisses Geschick bewiesen und den Ball mit Hilfe des Schlägers fast 100 m weit beförderten, versuchten es auch andere weniger Sportliche, die mit Nägeln an der Unterseite befestigt waren, wahrscheinlich, damit sie bei dem großen Schwung nicht umfielen. Sie hätten vielleicht das Hüttendorf, das ziemlich wackelig aussah, zum Einstürzen bringen können. Einige trafen zwar den Ball, er kullerte aber nur einige Meter weit. Das veranlaßte die Golfspieler zu allerlei häßlicher Bemerkungen. Ich schaute mir die Spieler interessiert an und erkundigte mich dann in einen kleinen Häuschen, wie teuer das Golfen sei.

Die anwesende Dame, eine mit allen Extras der Kosmetik ausgestattete Erscheinung, musterte mich von oben bis unten, taxierte mich und erklärte mir gönnerhaft, die Aufnahmegebühr betrage pro Person 40.000,- DM, Kinder bis 27 Jahre würden, wenn 2 Erwachsene Mitglieder seien, für 5.000,- DM pro Person aufgenommen. Hinzu komme der Jahresbetrag von 2.500,- DM; die Ausrüstung könne man hier kaufen.

Ich rechnete kurz und stellte fest, daß ich bei meiner 5 köpfigen Familie ohne Ausrüstung locker mit 100.000,- DM Minimum dabei sei und erklärte meiner Frau, ich sei schon preiswerter spazierengegangen.

Wir schauten uns das Gelände an, fanden es sehr schön und fuhren wieder nach Hause. Seit diesem Zeitpunkt gehört das Thema Golfen zu den wichtigsten Gesprächsthemen. Es rangiert sofort nach dem Thema „Ausbildung und Beruf der Kinder".

„Wenn es in Deutschland so teuer ist", meinte meine Frau eines Abends, nachdem sie alle Prospekte von Golfplätzen in einer Entfernung von 250 km durchgegangen war, „sollten wir es im Urlaub einmal probieren." Gesagt getan, bei unserem letzten Urlaub auf Teneriffa fuhren wir mit unseren 3 erwachsenen Töchtern und unserer sehr aktiven 78-jährigen Oma zu einem nahegelegenen Golfplatz und nahmen Trainerstunden. Ein deutscher Golflehrer hätte uns in unserem Aufzug nicht einmal in die Nähe des Platzes an den Cola- Automaten gelassen.

Schon die Anfahrt war abenteuerlich. Wir fuhren im kleinsten Leihwagen, den Teneriffa zu bieten hat, mit 6 Personen, nicht etwa wie Golfer im BMW, Mercedes oder einem Cabriolet. Unsere Jüngste saß im hochgeklappten Kofferraum und summte vergnügt, als wir sie dort verstauten. Auch die Kleidung war nicht standesgemäß. Abgesehen davon, daß wir keine Nagelschuhe, sondern unsere alten Turnschuhe angezogen hatten, wären auch die Jeans, die kurzen Hemden oder T-Shirts nicht das, was einem Golfer der deutschen Metzger-, Bäcker-, und Möchtegern-High-Society als angemessen vorschwebt.

Unser spanischer Golflehrer freute sich, als er die Prozession einschließlich Oma sah, drückte jedem von uns schmunzelnd einen Golfschläger in die Hand, holte mehrere Eimer mit jeder Menge Golfbällen und erklärte uns in einer Mischung aus Gesten, Spanisch, Englisch und Deutsch, wie wir den Schläger zu halten und in welcher Richtung wir zu schlagen hätten. Wenn es mal nicht so klappte, munterte er uns mit einem „Locker vom Hocker" auf. Mit einer Engelsgeduld korrigierte er unsere Schlägerhaltung und sah über die Löcher hinweg, die wir in den Rasen schlugen.
Nach der Stunde verabschiedete er sich von uns mit einem Lächeln und wir versprachen, morgen wiederzukommen. Selbst unsere Oma, die sich anfangs noch geweigert hatte, mitzukommen, war nun voller Begeisterung dabei und das jeden Tag.

Als der Urlaub vorbei war, versuchte meine Frau wieder in Deutschland einen erschwinglichen Golfplatz ausfindig zu machen. Bis jetzt ist es nur zum Teil gelungen. Zwar können wir Mitglied in einem Golfclub werden.
Die Aufnahmegebühr und die ersten Kosten betragen auch nicht 100.000,- DM, sondern vielleicht 10.000,- DM, aber

vorerst suchen sie auf dem Gelände noch nach versteckten Bomben aus dem letzten Weltkrieg.

Neulich kam meine Frau mit einer guten und einer schlechten Nachricht. Die gute lautet: „Die Bomben sind alle entfernt". Die schlechte: „Es kann zur Zeit nicht gebaut werden, ein Naturschützer hat eine seltene Abart der Strandnelke entdeckt.

Erst wenn der Clubbetreiber 100.000,- DM an die Stadt zahlt, ist die Pflanze nicht mehr schützenswert." Also ist es auch dieses Jahr in Deutschland nichts mit dem Golfen. Wie werden wieder wie die Zigeuner bei unserem Golflehrer auf Teneriffa spielen - allesamt mit der 78-jährigen Oma.

Zwar werden wir nun wieder ein Jahr länger warten müssen, bis wir in die internationale Golf-Klasse aufsteigen, aber lustiger ist es allemal außerhalb Deutschlands.

19.
Der Verein- Das Ehrenamt

Jeder Verein und sei er noch so klein, hat Organe, also Präsidenten, Vorsitzende, stellvertretende Präsidenten sowie Schrift- oder Protokollführer, Kassierer oder Schatzmeister. Je nach Art des Vereins gibt es darüber hinaus noch andere Ämter, die das herausgehobene Mitglied vom übrigen Fußvolk unterscheiden, ihm mit dem Amt Ehre und Ansehen geben. Das kann im Kegelclub der Schuhwart sein, bei großen Vereinen der Pressesprecher bzw. der Verantwortliche für Öffentlichkeitsarbeit.
Für die Organisation von Fachtagungen hat man besondere Leiter erkoren. Es gibt Geschäftsführer, die die laufende Arbeit des Vereins regeln, denn die Präsidenten, Vizepräsidenten, Schriftführer und Schatzmeister sind meist ehrenamtlich tätig und werden in regelmäßigem Turnus gewählt.

Man muß 2 Arten von Vereinen und den dort zu vergebenen Ehrenämtern unterscheiden.
Beim Verein, der dem reinen Freizeitvergnügen dient, ist es meist eine Ehre, ein derartiges Amt zu erhalten, damit kann man oft die niedrige berufliche Stellung ausgleichen. Endlich kann man auch Anordnungen treffen. Außerdem hat man endlich einmal - wenn auch nur in beschränkten Rahmen - Macht. So legt man letztlich fest, wohin der Kegelausflug geht, ob die Ehefrauen der Mitglieder mitgenommen werden. Man ist für die gehaltenen Ehrungen zuständig, hält die Reden bei Jubiläen des Vereins und der Mitglieder und redet sogar noch am Grabe eines viel zu früh verstorbenen Vereinsmitglieds.

Sie sehen daran, lieber Leser, es ist eine durchaus verantwortungsvolle, einen entsprechenden Mann voll beanspruchende

Nebenbeschäftigung, die sogar - das habe ich mir erzählen lassen - manchen Präsidenten so in Anspruch nimmt, daß Ehe und Familie, ja sogar der Beruf leidet.

Dieses Argument ist bei Vereinen anderer Art, also z. B. solchen, die sich die Mehrung von Wissen oder seine Verbreitung zur Aufgabe gemacht haben der Grund, warum sich viele hochdekorierte Wissenschaftler davor drücken, sich für ein solches Amt berufen zu lassen.
Wie sich so eine Berufung in das Präsidentenamt abspielt? Ich will ihnen das an einem Beispiel aus Professorenkreisen im folgenden schildern:

Diese Professoren waren in einem Verein organisiert und mußten - andere Personen waren als ordentliche Mitglieder nicht zugelassen - jedes Jahr ihren neuen Vorsitzenden, seinen Stellvertreter, den Schatzmeister und den Protokollführer küren. Während die übrigen Tagesthemen schnell und in verhältnismäßig großer Einigkeit erledigt wurden, gab es bei allen Zusammenkünften große Probleme, wenn es um die Vergabe der Ämter ging. Zunächst erklärte der bisherige Vorsitzende, er habe in der vergangenen Amtsperiode so viel Zeit für dieses Amt investieren müssen, daß er gar nicht zu den beabsichtigten Forschungsprojekten gekommen sei. Er habe wirklich viel tun müssen. Das wurde mit viel Beifall bedacht. Dann erklärte er kategorisch:
„Ich stehe also für dieses Amt zur Zeit nicht zur Verfügung. Vielleicht in späteren Jahren wieder. Es kann doch jetzt einmal ein anderer übernehmen." Darauf erklärte ein weiterer Professor, an den wohl niemand gedacht hatte, er stehe nicht zur Verfügung. Er müsse erstens das kommende Semester vorbereiten - eine Tatsache, die einen Außenstehenden in Erstaunen versetzt, da das wohl die Aufgabe eines Professors ist, für die er bezahlt wird.

Da dieser sowieso immer die gleichen Vorlesungen hielt, ab und zu mit einem Semester Unterbrechung, war es nichts Besonderes.

Weiter meinte er, er müsse in den nächsten Jahren noch ein Buch zu Ende schreiben. Das animierte seinen Nachbarn zu erklären, daß er im kommenden Jahr noch an 2 Artikeln arbeiten müsse, die erheblich zeitaufwendig seien. Nachdem sich fast alle anwesenden Professoren in ähnlicher Art geäußert hatten, - man hatte den Eindruck, Forschung und Lehrer nahmen sie 18 Stunden pro Tag in Anspruch - die Schwermut der Überlastung drückte nieder und läge schwer auf der Versammlung - meinte der bisherige Schatzmeister, er sei notfalls bereit, noch für ein weiteres Jahr Schatzmeister zu bleiben. Auch der Protokollführer versprach das, wobei man sagen muß, daß der Protokollführer nur zweimal im Jahr ein kurzes Protokoll unterschreiben mußte, das im übrigen jeweils die promovierte Hilfskraft anfertigte, so daß die Entbehrungen durch die Arbeitsbelastung erträglich seien.

Endlich meinte einer der Anwesenden, ob es nicht möglich sei, das Amt des Vorsitzenden und stellvertretenden Vorsitzenden zu wechseln.

Das löste einen großen Protest des stellvertretenden Vorsitzenden aus, er habe im letzten Jahr bereits ein Symposium einberufen, die Leute anschreiben, die Themen aussuchen müssen. „Ja, stimmten alle zu, das sei viel Arbeit gewesen", obwohl auch hier die promovierte Hilfskraft und Sekretärinnen erheblich tätig gewesen waren. „Also wenn sich keiner bereit findet, bin ich bereit, noch für ein Jahr zu kandidieren. Dann mußt Du aber", er wandte sich an den Vizepräsidenten, „auch Dein Amt weiter ausüben." „Aber nur für ein Jahr. Das ist endgültig." „Meinetwegen", meinte dieser.

Allgemeine Erleichterung herrschte. Es wurden in den einzelnen Wahlgängen die bisherigen Männer in ihre Ämter wiedergewählt. Alle waren zufrieden.

Die Gewählten hatten ihre Bürde des Amtes wieder, die anderen waren wieder einmal davongekommen.

Wenn ich mich recht erinnere, stand dieses Procedere die letzten 5 Jahre beinahe wörtlich einmal im Jahr zur Belustigung auf der Tagesordnung.

20.
Puppen am Arbeitsplatz

Nein, Sie liegen falsch! Es geht nicht um die Behandlung von unterdrückten Frauen durch dominierende Männer, die Frauen nur als Lustobjekt ansehen. Hier geht es um Kuscheltiere, Barbiepuppen, Teddybären, die Mädchen und Frauen vor ihre Schreibtisch aufgestellt haben, den Schreibtisch von Managerinnen bevölkern und jetzt - man höre und staune - auch die Männerwelt interessiert. Selbst jungen Männer schmücken ihre Arbeitsstelle mit Mickey Mouse-Figuren, Maskottchen aus der Sesamstraße und dem Sandmännchen. Die drolligen Figuren halten Einzug auf den Nachttischen der jugendlichen Geliebten im Alter von 18-38 Jahren. Der Casanova von heute trägt seinen Teddy mit sich herum.

In den Vorlesungen der Universitätsfakultäten haben Ernie und Bert sowie Quietsche-Entchen Einzug gehalten. So beobachtet man Studenten, die während wichtiger Vorlesungen über Ethik und Moraltheologie mit einem gelben Entchen spielen oder zärtlich eine Figur aus einem Science Fiction-Film am Ohr kraulen.

Das ist sicher wichtig, denn nur so haben diese Menschen den unmittelbaren Kontakt zu ihrer Umwelt und können später als Priester oder Lehrer, als Psychologe und Soziologe drogenabhängigen Menschen helfen. Genauso werden sie Eheprobleme in den Griff bekommen und Menschen, die in die Kriminalität abzugleiten drohen, vor dem Abgrund zurückhalten und sie in die Obhut der fürsorgenden Gesellschaft führen können. Die Ambivalenz zwischen Plüschtier und Sexualität und das Ausleben dieser Spannung ist wichtig, um Kinder für den Lebenskampf zu wappnen . Als Manager bleibt man mit Stoffpuppen der Jugend verbunden und verliert sich nicht in der Anonymität von Akten und Vorgängen. Die Puppe am Arbeitsplatz macht den Vernunftsmenschen zum Gefühlsmenschen und zum Kulturmenschen.

<u>Das Motto kann für die Jugend nur lauten:</u>

Die Puppe im Büro macht die kalte Berufswelt zur lebenswerten Insel des Gefühlsmenschen.

21.
Schulfreunde

Haben Sie noch Kontakt zu Ihren Schulfreunden? Aber doch nicht zu allen? Und ist das Verhältnis gut, nur zu einigen und gibt es Gründe dafür?

Ach, ich verstehe, das hängt von der beruflichen Position ab. Die Frauen verstehen sich nicht, man hat sich auseinandergelebt. Ab und zu sehen sie sich einmal im Jahr, manche alle 5 Jahre, andere gar nicht.

Das Ganze nennt sich dann Klassentreffen und dient dazu, festzustellen, je nach dem, ob es sich um Männer oder Frauen handelt, was beruflich oder familiär aus den Einzelnen geworden ist.

Treffen sich Klassenkameraden oder sonstige Schulfreunde nach Jahren durch Zufall irgendwo, beäugen sie sich in der Regel argwöhnisch von weitem, schauen in der Anwesenheitsliste bei den Titeln und der Berufsbezeichnung nach. Ist der andere rangmäßig nach eigener Einschätzung mehr als eine Stufe tiefer einzuschätzen, kümmert man sich am besten gar nicht um ihn. Man tut, als kenne man ihn nicht. Stellt man fest, daß er zu Ehren gekommen ist, möglicherweise sogar für einen selbst beruflich oder privat von Nutzen sein könnte, sucht man seine Nähe und tut alles, um in Kontakt mit ihm zu kommen. So könnte dieser Kontakt dazu helfen, daß man ein gutes Geschäft abschließen kann, der andere ein gutes Wort bei seinem Chef einlegen kann. Vielleicht hat er sogar eine attraktive Stellung, vielleicht ist er Mitglied einer Organisation, deren Wohlwollen man braucht, auf deren Einvernehmen man angewiesen ist.

Im privaten Bereich kann einem dieser lang vergessene Freund einen billigen Kredit verschaffen oder hat Einfluß auf die Vergabe von billigen Bauplätzen.

Er kann sich für die dringend benötigte, immer noch nicht vorliegende Genehmigung einsetzen und hat ein gutes Mittel in der Hand, dem faulen Sohn noch den Weg zum Schulabschluß ebnen. Er kann auch der Tochter den Praktikumsplatz verschaffen.

Unter diesen Gesichtspunkten, auch wenn die Vorstellungen vielleicht zu hoch gegriffen ist, empfiehlt es sich, diesen Freund anzusprechen, ihn zufällig an die gemeinsame Herkunft der gleichen Schule, ja derselben Klasse hinzuweisen, etwa mit den Worten: „Sind Sie nicht Herr X" - das weiß man ja aus der Referentenliste - „und haben Sie nicht im Jahre Y an dem Q- Gymnasium das Abitur/ die mittlere Reife gemacht?" Das läßt sich natürlich auch auf gemeinsame Weiterbildungen, Freizeitaufenthalte, Seminare, Kongresse, sportliche oder kulturelle Veranstaltungen usw. anwenden.

Bei der Schule hat man dann den Vorteil, neben der Auffrischung der Erinnerung an alte Lehrer und deren Eigenarten und Macken, schnell zum Vornamen der angesprochenen Persönlichkeit überzugehen und sie zu duzen. Damit ist das Gespräch aus der Anonymität herausgetreten und ins Persönliche übergegangen. Man fragt, ob man sich - wenn jetzt noch kein Platz neben der Persönlichkeit frei sein sollte - frei werden sollte, sich später auf ein Glas Wein, Bier oder einen Drink sehen könnte, gibt dem angesprochenen Schulfreund schon einmal seine Visitenkarte.

Diese muß man immer in seiner Brieftasche griffbereit haben. Wer keine hat, sollte das Geld nicht scheuen und sich eine anfertigen lassen, die etwas Noblesse ausstrahlt. Diese Investition lohnt sich immer. Ja, aber was passiert, wenn der Angesprochene so denkt, wie oben besprochen? Er hat in seiner Anwesenheitsliste bei dem anderen festgestellt, daß es sich wohl um einen ehemaligen Mitschüler handelt, aber vom Rang und der Position her nicht mit ihm selbst konkurrieren konnte.

Ist er nicht der Typ, der mit seiner eigenen Stellung vor dem Klassenkameraden prahlen oder sich hofieren lassen will, sondern findet er jeden Kontakt mit diesem eher überflüssig und lästig, dann geht er ihm aus dem Weg. Wird er angesprochen, wendet er sich anderen Teilnehmern zu. Während diese Art von Mißachtung dem kleinen Mann, also dem Schüler, der nicht in die höheren Etagen der bürokratischen, wirtschaftlichen oder wissenschaftlichen Hierarchie aufgestiegen ist, durchaus vertraut ist, ist dies dann besonders mißlich, kränkend, ja das Selbstwertgefühl beeinträchtigend, wenn der in eine hohe Position, in regionale Spitzenstellungen eingetretene, überall mit Hochachtung und Ehrerbietung behandelte Schüler durch Zufall an einen ehemaligen Klassenkameraden anläßlich einer Tagung gerät, der zum internationalen Establishment gehört und nur in höheren Kreise verkehrt.

Ein solcher Fall hat sich unlängst zugetragen. Beide gehörten der gleichen Klasse an, hatten dieselben Schulbänke gedrückt. Der eine war berühmt, hochgeachtet, in seiner Region zählte er zu den Spitzen der Gesellschaft, die Zeitungen und andere Medien berichteten einmal in der Woche von ihm. Dieser traf anläßlich einer internationalen Tagung auf den Chef, den Vorstandssprecher eines internationalen Konzerns. Dieser Mitschüler hatte es bisher vorgezogen, bei der 25- und 30-jährigen Abiturfeier nicht zu erscheinen. Auf Einladungen hatte er nie reagiert, die Mitschüler hatten nur ab und zu von ihm in den Nachrichten gehört oder in Wirtschaftsmagazinen über ihn gelesen.

Das Treffen fand wie immer unter Klassenkameraden statt mit dem Unterschied, daß die nationale Größe von Mitschülern keine beruflichen oder privaten Wünsche hatte. Es verlief aber enttäuschend, mehr als die Anknüpfungsworte an gemeinsame Schulerlebnisse gab es nicht, die Aufforderung wurde von der nationalen Berühmtheit zwar vorgetragen, aber vom Gegenüber nicht erwidert.

Die Begegnung blieb kurz, unverbindlich und dem Rangunterschied zwischen avancierten und besonders avancierten Mitschülern angemessen.

Wenig später konnte man in den Zeitungen lesen, daß der Konzern in Konkurs gefallen war.

Vielleicht doch eine kleine Genugtuung für die arme Schülerseele?

22.
Das gemischte Doppel

Haben Sie einmal darüber nachgedacht, wie man ein Ehepaar entzweien kann, ja, als Außenstehender bei einem friedlich und einträchtig zusammenlebenden Paar Unfrieden stiften oder einen handfesten Krach auslösen kann?

Wenn Sie ein Paar kennen, das Tennis spielen kann oder zumindest glaubt, diese Sportart ausreichend zu beherrschen, überreden Sie doch einmal diese Leute, ein gemischtes Doppel mit Ihrer Frau und Ihnen zu spielen. Wenn Sie die Stimmung vorher richtig anheizen wollen, müssen Sie zunächst einmal den Ehemann mit der Frau des anderen Pärchens ein Spiel durchziehen lassen, erst danach sollten Sie die zusammengehörigen Partner miteinander ins Rennen schicken.
Das Spiel mit dem fremden Partner bzw. der fremden Partnerin wird sich in etwa so abspielen:

Die Männer werden die fremde Partnerin mit ausgesuchter Höflichkeit und Zuvorkommenheit behandeln. Sie werden sich unter Aufbietung der letzten Kräfte bemühen, die Bälle zu erreichen, die die Partnerin nicht bekommt, heben für sie die Bälle auf und trösten sie, wenn sie ein Luftloch schlägt. Die Männer erklären übereinstimmend, es handle sich doch nur um ein Spiel, man wolle sich lediglich körperlich in Form halten und dafür sei Tennis wie geschaffen. Die Partnerin schenkt dem Partner für dieses Spiel einen dankbaren Blick, wenn er einen gelungenen Schlag gelandet hat. Nach dem Spiel gehen alle vier Partner gemeinsam in das Clublokal und diskutieren lachend über die glänzende Idee eines gemischten Doppels.

Diese Harmonie ändert sich sofort, wenn das gemischte Doppel aus den zusammenlebenden Partnern besteht. Dabei ist es völlig unerheblich, ob es sich um 25jährige oder 55jährige

Partner handelt, ob es sich um Ehegatten, Lebensgefährten oder Lebensabschnittsgefährten handelt. Zunächst gibt es zwischen ihnen eine taktische Spielbesprechung. In ihr wird genau festgelegt, wie man das Spiel anlegen müsse, damit der Erfolg garantiert werden könne.

„Also, Du mußt hauptsächlich auf die Rückhand von Erika spielen. Sie ist auf der Rückhand sehr schwach. Und zapple beim Aufschlag nicht so rum, sonst machst Du noch einen Doppelfehler."

Wie sieht nun ein solches Spiel aus? Ich werde versuchen, es Ihnen nahezubringen. Ich habe bereits mehrere miterlebt. Die ersten 6- 8 Ballwechsel verlaufen noch so, wie man es unter normalen Menschen gewohnt ist.

Dann geht es aber los, je nach dem, ob der weibliche oder männliche Teil der üblicherweise bessere Spieler ist, muß dieser dem Partner erklären, was er gerade falsch gemacht hat. Das hört sich zunächst noch einigermaßen gesittet an. Er erklärt ihr z.B., daß sie ihm doch den Ball hätte überlassen sollen, weil er doch viel besser plaziert gewesen sei.

Die gegenüber spielende Partnerin meint zu ihrem Partner: „ Du mußt mehr auf ihre Rückhand spielen, das haben wir doch vorhin so besprochen." Langsam kommt - wie heißt es so schön neudeutsch „Power"- und Lautstärke in die Begegnung. Je nach Temperament schreit er: „ Ja, kannst Du denn nicht aufpassen, das war doch ein ganz leichter Ball!" Die dominierende Frau auf der anderen Seite des Netzes brüllt: „Das ist ja schlimm, muß ich denn alle Bälle nehmen, streng´ Dich doch endlich ein bißchen an!"

Allmählich kristallisiert sich auf beiden Seiten des Netzes heraus, wer bei den einzelnen Paaren das Sagen hat und derjenige dokumentiert dies auch entsprechend. Die jeweilige Reaktion ist verschieden wie im richtigen Leben. Einige Partner lassen die permanente Schimpfkanonade, die mit der Dauer des Spielers laufend zunimmt und jetzt auch mit einigen Schimpfwörtern gewürzt ist, an sich abprallen und versuchen, in sich gekehrt, mit Wut verzerrten Gesicht auf den jeweiligen Ball einzuprügeln. Andere schreien zurück, wobei ein Austausch von verbalen Zärtlichkeiten folgt, wie: „ Du Trottel, steh´ nicht wie ein Ölgötze herum. „Wenn Du nicht so fett wärst, hättest Du den Ball auch bekommen." „Du dußlige Kuh, wie kannst Du denn so blöd sein, Du mußt nach dem Ball sehen", ist dann die Antwort nach dem nächsten Ballwechsel.

Die Aggressivität erhöht sich mit der Aussicht auf den Verlust des gesamten Spiels erheblich. Aber auch die voraussichtlichen Sieger kämpfen nicht nur mit Schläger gegen Ball und Gegner, sondern setzen sich untereinander mit der Unbedarftheit des anderen Geschlechts und des Partners bzw. der Partnerin auseinander.
Manche stellen sich die rhetorische Frage, warum sie gerade diese Pflaume geheiratet hätten; die Mutter habe sie schon vor 25 Jahren gewarnt. Das veranlaßt den Partner, festzustellen, daß mit der dämlichen Schwiegermutter ja das ganze Elend angefangen habe.
Es gibt dann ab und zu - es ist nicht die Regel - Fälle, in denen ein Partner - öfter die Frau- den Platz mit beleidigter Miene verläßt und lautstark verkündet: „Mit so einem Affen, Idioten oder Arschloch"- den Ausdruck überlasse ich Ihnen, liebe Leser - „spiele ich nicht weiter."
Falls man im Clubhaus noch einen Drink nimmt, dann geschieht es stets in gespannter Atmosphäre.

Ein Waffenstillstand! Frieden ist nicht angesagt.

Zu Hause diskutiert man noch einige Stunden, manchmal sogar Tage das Spiel. Und so allmählich kehrt wieder Ruhe ein, indem man übereinstimmend feststellt: „Aber das nächste Mal, am nächsten Samstag, zeigen wir es denen aber." Gemeint ist das andere Paar. Das Spiel werden wir klar gewinnen, wir müssen uns nur einig sein." Und damit ist eine Wiederholung der belebenden Szenen am nächsten Wochenende vorprogrammiert.

Es lebe das gemischte Doppel!

23.
Theologen sind anders

Theologie ist sicher eine wichtige Disziplin. Man kann sich zwar streiten, ob sie eine Wissenschaft ist, aber das gilt wohl für die meisten Erkenntnisse der Menschen, die an Hochschulen gelehrt werden.

Ist die Rechtswissenschaft etwa deshalb eine Wissenschaft, weil die Kenntnisse der Gesetze vermittelt werden? Worin besteht, wenn man dies als Lehre bezeichnet, die Forschung? Wenn es nicht klar ist, wie die von Menschen gemachten Vorschriften des Zusammenlebens auszulegen sind, wie soll sie der einzelne Mensch dann halten können?

Sind die Naturwissenschaften deshalb Wissenschaften, weil ihre Erkenntnisse sich nicht an Gesetzen orientieren, die von Menschen gemacht wurden, sondern an Normen, die die sogenannte Natur erlassen hat?

Wie zweifelhaft diese Erkenntnisse sind, zeigen die widersprüchlichen, von Menschen in Erfahrung gebrachten Normen der Natur, wenn man sie über einen längeren Zeitraum beobachtet.

Denken wir an die Erde als Scheibe, die Unteilbarkeit des Atoms usw.

Aber gehen wir zur Theologie und den Theologen zurück. Theologie ist natürlich in erster Linie da, um das Wort Gottes zu vermitteln, uns Menschen, also jedem einzelnen zu helfen, das „Wort Gottes" zu verstehen. Sie hat nicht den Sinn, Theologen eine Basis zur Selbstverwirklichung ihrer selbst zu geben. Sie dient nicht zum Streitpunkt um eigene und fremde Thesen über das „Wort Gottes".

Nun will ich nicht behaupten, daß alle Theologen mehr sich selbst und die eigene Theorie lieben und das „Wort Gottes" nur auswechselbares Beschäftigungsobjekt ist. Aber es ist kaum zu bestreiten, daß es Theologen dieser Art gibt. Von einem besonderen dieser Art will ich nun berichten.

Es handelt von einem Kreis von Theologen, die sich der Auslegung des „Wortes Gottes" hauptberuflich widmen, ein normaler Kongreß, der auch unter Steuerberatern, Unternehmensberatern, Germanisten stattfinden könnte. Das Niveau war dadurch geprägt, daß es sich hauptsächlich um Professoren, deren Assistenten und um wenig sonstiges theologisches Fußvolk handelte. Doch dieser Kreis ist nur von zweitrangiger Bedeutung, er stellte nur das Auditorium dar.

Im Mittelpunkt dieser Geschichte steht der Referent. Ich muß erklären, daß es Brauch jeder Tagung ist, daß ein Thema aus dem Neuen Testament durch einen Referenten dargestellt wird. Zuerst stellt ein Professor sein neues Buch in Auszügen vor oder ein Doktorand seine soeben fertigstellte Doktorarbeit. So war es auch heute. Referent war der Neffe des Bischofs des Ortes, an dem zufälligerweise gerade die jetzige Tagung stattfand. Nun war der Vortrag nicht etwa schlecht, abgesehen von der Tatsache, daß die Arbeit von Fremdwörtern wimmelte, wobei man sich des Eindrucks nicht erwehren konnte, daß der Referent auch einfachste, Entschuldigung, „simpelste" Worte noch mit einem lateinisierten, präzisierten Ausdruck bedenken mußte, wenn er schon nicht die englische Wortwahl bevorzugte. Nun ja, das ist ja bei der Wissenschaft bzw. ihren Vertretern nichts Außergewöhnliches. Wie kann man sonst seine Kompetenz und die Distanz zum ungebildeten Zuhörer aufzeigen!
Wo lag nun aber das Besondere, das Andere? Es war der Inhalt, die These, die er vortrug. Es geschah mit einer Miene und einem Brustton der Überzeugung, wonach man schließen könnte, er verkünde die alleinige Wahrheit, nichts als die Wahrheit, die ihm die höchste Instanz, nämlich Gott selbst,

auf wunderbare Weise in seinen Studien habe zuteil werden
lassen.

Ich will Sie, meine Leser, mit der These nicht langweilen, sie
ist vielleicht etwas speziell, aber Sie doch mit einigen Begleit-
umständen vertraut machen. Nach dieser These des Referenten bediente sich der Verfasser des betreffenden Evangeliums
einer Verschlüsselung bei der Abfassung seiner Schrift. Diese
Verschlüsselung war so geheim und kompliziert, daß sie nur 2
Menschen verstanden. Die eine Person war ein einziger Jünger
und die andere Person - nein, Sie werden es nicht erraten - der
Doktorand, der Neffe des Bischofs selbst.
Nun werden Sie - so wie es auch mir ergangen ist - sich sicher
fragen, wie dieser Referent beweist oder beweisen will, daß es
sich tatsächlich um eine Geheimschrift handelt. Offensichtlich
verstanden doch alle Jünger, alle Christen und Kirchenväter
das Evangelium zumindest ähnlich?
Woraus ergibt sich denn, daß der Text nicht so auszulegen ist,
wie er verständlich ist? Die Antwort hat unser Referent schon
parat, sie liegt auf der Hand. Da ja nur er den verborgenen
Sinn kennt, ist jeder Zweifel schon suspekt. Nur der Einge-
weihte kann den wahren Sinn kennen und damit schließt sich
der Kreis. Man sollte angesichts einer derartigen Beweisfüh-
rung wohl zunächst glauben, hier wolle jemand die Theologie,
deren Thesen und Argumentation ad absurdum führen, aber
weit gefehlt.

Zu meinem nicht geringen Erstaunen wurde dem Vortrag und
dem Referenten für seinen Vortrag höchste Achtung zuteil.
Es kommt mir vor, wie beim Märchen des Kaisers mit den
neuen Kleidern. Da nur der Referent die Richtigkeit kennen
kann, ist er außerhalb der Argumentationspflicht und damit
der „Hinterfragbarkeit" entzogen. Jeder Frager muß seine
„Nicheingeweihtheit" zunächst zugeben, bevor er mit dem

Fragen beginnen kann. Er ist damit auf der negativen Seite der
Suche nach dem Gral, während Parzival schon am Ziel ist.
Sie werden sicher fragen, wie es mit dem Referenten weitergegangen ist. Soweit ich weiß, hat ihm die Theorie den Dok-
tortitel eingebracht.
Er ist wohl schnell Professor der Theologie geworden und
bringt jetzt Studenten das „Wort Gottes" aus dem Dunkel
„seiner" Erkenntnis bei.

24.

Man schläft mit den Frauen, die man nicht liebt, und liebt die Frauen, mit denen man nicht schläft (Dennis Diderot)

Mit diesem Spruch, der Überschrift eines Buches von Dennis Diderot, versuchte ich gestern eine, wie sie meinte, von ihrem Mann betrogene Ehefrau zu trösten, die nun aber zornig erwiderte:

„Mit der eigenen Frau könnte er auch ruhig einmal schlafen", so daß ich lieber schwieg. Der in Verdacht stehende Ehemann nickte mir dagegen zu.

Nun könnte mir die Sache völlig gleichgültig sein, wenn es sich bei den beiden nicht um Freunde von uns handeln würde. Das bedeutet, daß man versucht, mich und meine Frau in eine Rolle zwischen Ratgeber und Schiedsrichter hineinzumanövrieren. Da der Ehemann sich offensichtlich keiner Schuld bewußt ist und nicht darüber reden will, wird zur Zeit nur meine Frau von der Ehefrau über den neuesten Stand der Dinge informiert.

Was war eigentlich geschehen? Die beiden kennen sich seit mehr als 20 Jahren und leben und arbeiten im Ausland, besser gesagt im spanisch sprechenden Ausland. Hinzu kommt, daß er ein stolzer Spanier und sie eine sehr selbstbewußte Berlinerin ist. Ein Paar, das von der Struktur her nicht so einfach zu nehmen ist. Wer beide näher kennt, wird sie beide einzeln und als Paar schätzen. Er ist ein Mann, der auf die Ausstrahlung schöner Frauen besonders heftig reagiert und man munkelt, in seiner Jugend... . Aber über wen gibt es nicht irgendwelche Geschichten.

Viele Frauen lieben gerade so einen Mann. Sie möchten ihn als Solitär an ihrem Finger tragen, was natürlich auch Risiken in sich birgt.

Entweder man ist froh, zu einem kleinen Teil an einer guten Sache beteiligt zu sein - betrachtet die Angelegenheit also wie ein Kapitalanleger, der sein Geld in eine Beteiligung an einer gut florierenden Firma angelegt hat -, oder muß im Kampf um die Alleinherrschaft permanent Kontrolle ausüben, was natürlich Verdächtigungen und Eifersüchteleien auslöst.
Man muß sich natürlich fragen, ob es dann nicht besser gewesen wäre, man wäre, um beim Kapitalmarkt zu bleiben, besser Alleineigentümer und Geschäftsführer einer kleinen Firma.

Nun ja, in unserem Fall hatte sich die Frau für die erste Alternative entschieden.
Das brachte ihr nach ihrem eigenem Bekunden des öfteren Kontrollgänge, -anrufe und entsprechende Eifersuchtsregungen über mögliche oder auch unwahrscheinliche Abwege ihres Mannes ein. Vor 5 Jahren hatten sie, nachdem sie schon eine Zeit von 5- 7 Jahren zusammengelebt hatten, schließlich zur Überraschung aller Freunde geheiratet und das im reifen Alter von mehr als 50 Jahren.
Der Sohn aus erster Ehe der Frau lebte bis zum Flüggewerden vor einigen Jahren bei ihnen. Mit Ausnahme der üblichen ehelich-partnerschaftlichen Streitigkeiten schien die Beziehung in Ordnung zu sein und wäre es wohl auch heute, wenn nicht vor ca. 6 Wochen der große Eklat gekommen wäre. Was war nun eigentlich passiert?
Genau weiß ich als Außenstehender natürlich nichts.

Angeblich soll unsere deutsche Freundin eine heftige Zuneigung zu einem verheirateten spanischen Sportlehrer ergriffen haben. Ein Liebesbrief von ihr soll zunächst seiner Ehefrau, dann von dieser ihrem Ehemann, unserem spanischen Freund, übergeben worden sein. Was in diesem Brief steht und wieweit diese Beziehung gediehen ist, ist unklar. Lassen wir es im Ungewissen.

Kurze Zeit später sollen Liebesbriefe einer anderen geschiedenen Frau, an ihn, unseren spanischen Freund, von ihr oder, wem immer, gefunden worden sein, eine unbekannte Telefonnummer bei seinen Unterlagen aufgetaucht sein.
Unsere deutsche Freundin hat dann diese geschiedene, 20 Jahre jüngere Frau aufgesucht. Sie hat die angeblich 8- 9 Jahre dauernde Liebesbeziehung zugegeben.
Nach Erzählungen unserer deutschen Freundin habe unser spanischer Freund diese Beziehung rundweg als blödsinnige Erfindung abgewiesen. Sie sei daraufhin zum Anwalt gegangen und man habe ihr auf ihr energisches Drängen zu einer 1-jährigen Trennung geraten.

Jetzt leben beide seit 3 Wochen in den etwa 60 km entfernten Wohnungen der beiden getrennt, sehen sich aber jeden zweiten Tag im Büro und arbeiten gemeinsam nach Bekunden Dritter in gutem Einvernehmen. Ihr Geburtstag in der letzten Woche wurde mit gemeinsamen Freunden ausgiebig bei einem opulenten Abendessen mit viel Alkohol gefeiert. Sie wurde von ihm reich beschenkt, ein Bouquet von fast 60 Rosen war nur ein geringer Teil, auch die Umarmungen und Küsse nahmen kein Ende. Sie erklärte, sie liebe ihn noch, wolle aber angeblich ein Geständnis seiner Untaten erzwingen.
 Weiter schwärmte sie jedoch von ihrem Sportlehrer.
Er sei so einfühlsam, man könne über alles mit ihm sprechen. Und wenn die Gerüchte stimmten, habe sie, bevor die ganze Sache aufflog, mit ihm durchbrennen wollen. Allein seine Familie, Frau und 4 Kinder und seine Vermögenslage, nur ein kleines Gehalt, seien im Wege gewesen.
Unser Freund leugnet dagegen seine Abenteuer und wertet ihr Verhalten nur als Vorwand, um sich von ihm zu trennen.

So und jetzt sind sie dran, nehmen wir einmal an, alle Gerüchte usw. über beide, den spanischen Freund und die deutsche Freundin, stimmen:

Sie liebt den spanischen Sportlehrer, er schläft seit 8 oder 9 Jahren ab und zu mit einer anderen Frau, ohne daß es Liebe sei, wie diese angibt, und die Aufdeckung der Liebesbeziehung unserer deutschen Freundin zu ihrem Sportlehrer sei reiner Zufall.

Was halten Sie davon?

Ist die Qualität von Seitensprüngen oder die Quantität, die Vielzahl, entscheidend? Glauben Sie an den Ausspruch von Diderot: ,,Man schläft mit den Frauen, die man nicht liebt und liebt die Frauen, mit denen man nicht schläft"?

25.
Das muß ich erst einmal vorausschicken

Es gibt immer wieder Leute, die sich, von einer falschen inneren Stimme verleitet, aufgrund des Drängens der Eltern oder weil der Onkel in dem Beruf so erfolgreich ist, weil der Beruf Ehre und Einfluß oder zumindest finanzielle Sicherheit verspricht, einem bestimmten Berufsziel verschreiben. Was dabei für den strebenden Jünger herauskommt, ist eine Sache, wie die entsprechenden Versuche auf die berufliche Umgebung wirken, die zweite.

Ein besonders gravierender Fall ist mir heute ganz deutlich vor Augen, wenn er auch schon 30 Jahre zurückliegt. Es war während der Ausbildungsphase zum Juristen, der sogenannten Referendarzeit, an einem kleinen verträumten Amtsgericht, dem ersehnten Wunsch eines jedes Halbjuristen der Referendarstation, denn dort ging es gemütlich zu. Das Gericht war mit 3 Berufsrichtern ausgestattet, einen auf Zucht und Ordnung haltenden Oberamtsrichter, der der Leiter der Gerichts war und für Entmündigungen, das Grundbuch, das Handelsregister und die Verwaltung zuständig war, einem Strafrichter, der die Verkehrsunfälle, kleinen Diebstähle und Betrügereien aburteilte und dem Zivilrichter, der zweimal in der Woche gegen 10 Uhr am Gericht erschien, um dort die wichtigen Nachbarstreitigkeiten zu lösen.

Gegen 9.30 Uhr konnte man feststellen, daß er im Gericht anwesend war, weil sein Pferd auf der Rückseite des Gerichts von ihm angebunden wurde, nachdem er mit einem mächtigen Satz in Reitstiefeln aus dem Sattel gesprungen war. Ab und zu half ihm der einzige Wachtmeister, den das Gericht besaß, beim Anbinden des Pferdes. Der Richter verschwand dann in seinem Dienstzimmer, zog sich um, nachdem er den Pullover, die Reithose und die Stiefel gewechselt, seine Robe und sein

Barett auf´s Haupt gedrückt hatte, seine Kommentare zum
Bürgerlichen Gesetzbuch und zur Zivilprozeßordnung unter
den Arm geklemmt hatte und begab sich zum kleinen Sitzungssaal begab.
Dort lag bereits ein Stapel von Prozeßakten und die Anwälte,
fast alle ortsansässig und mit den Sitten und Gebräuchen dieses Gerichts, besonders aber dieses Richters vertraut, harrten
der Dinge.

Die erste Frage des Richters lautete zumeist, ob irgendwelche
Angelegenheiten verglichen werden könnten. Falls es so einen
Fall gab, war der Verhandlungstag gerettet, der Richter war
glänzender Laune. Neben ihm saßen die Referendare, die
ebenfalls auf einen Vergleich der anstehenden Sachen hofften,
dann hatten sie nicht einen Urteilsentwurf anzufertigen und
konnten sich mit den Urteilen befassen, die sie für den Strafrichter vorbereiten mußten.

Neben den Richtern, die das höchste Ansehen bei Gericht ge-
nossen, standen die Referendare als zumindest angehende
Richter, Staatsanwälte und Anwälte, dann folgten die beiden
Justizinspektoren, die sowohl für die Verwaltung als auch für
die laufenden Fälle, bei Erbschaften oder in Grundbuchsachen
zuständig waren.
Beide waren kurz vor der Pensionierung und schon seit dem
Krieg mit dem aufsichtsführenden Richter, dem Leiter des
Amtsgerichts, zusammen.
Ihnen kam eine gewisse Würde zu, die von den übrigen Ange-
stellten und auch den Referendaren stets geachtet wurde.

Die anwesenden Referendare waren ein lästiger Haufen, der
ziemlich bald die Strukturen des Gerichts kannte und sich in
gegenseitigem Einverständnis das Leben so angenehm wie
möglich gestaltete. Von den weiblichen Angestellten, meist
jungen Mädchen, erhielten sie die Aufzeichnungen der Richter

und konnten so ohne deren Wissen leichter ein Urteil schreiben. Sie wußten, wann die Richter am nächsten Morgen bei Gericht erscheinen würden und konnten sich deshalb die Zeit so einteilen, daß sie pünktlich ca. 5- 7 Minuten eher bei Gericht waren. Kam ein Referendar dennoch zu spät, wurde er von Kollegen entschuldigt, weil er angeblich noch für einen der anderen Richter in der Universitätsbibliothek etwas nachsehen mußte. Sollten die Referendare beim jährlich stattfindenden Betriebsausflug gemeinsam ein Lied singen, dann entschuldigte einer den anderen, wenn dieser gerade einer Sekretärin die nächtlichen Schönheiten des Weinbergs zeigte, während der Rest des Personals, d. h., jeder Berufsstand separat auf Veranlassung des Oberamtsrichters im Weinlokal ein Volkslied zum Besten geben mußte. Während also die Zeit ruhig dahinging und die Referendare schon Trauer zeigten, weil in einem Monat die schöne Zeit vorbeiging und man dann in die Stadt zum Landgericht versetzt werden würde, geschah plötzlich etwas Neues, daß das friedliche Leben des Gerichts, vor allem der Referendare, merklich erschütterte.

Eines Tages, es war ein Montag wie jeder andere, die Referendare waren gegen 10 Uhr eingetroffen, hörten sie, daß sich ein neuer Kollege heute am Gericht vorstellen sollte. Es war ein kleiner korpulenter Mann mit großem Gesicht, schwarzen Haaren und Brille und mit einem Akzent, der jedes „R" rollen ließ. Das allein konnte keinen Eingriff in das tägliche Leben bedeuten. Auch die Tatsache, daß dieser Referendar bereits um 8 Uhr zu seinem Dienst angetreten war, hatte für sich allein gesehen noch nichts zu bedeuten. Es war schließlich der erste Tag und es bestand Übereinstimmung, daß man dem Kollegen schon den rechten Weg zeigen werde. Das stellte sich aber recht bald als Irrtum heraus.

Nachdem die drei Referendare mit ihm allein waren und ihm die Usancen in der Annahme erklärt hatten, er werde sich daran halten, wurden sie eines Besseren belehrt. Der Neuankömmling - er war bestimmt schon über 40 Jahre alt und damit fast 20 Jahre älter als sie - legte klar, nach seinen Informationen müsse er früh um 8 Uhr anfangen und könne um 13 Uhr aufhören. Seine Arbeit bestehe darin, Urteile zu schreiben. So habe man ihm das bei der Vereidigung erklärt und er werde sich daran halten. Die Gegenvorstellung seiner Kollegen, die Dienstzeit sei derer der Richter anzugleichen, ließ er unbeachtet. Wenigstens konnten die drei Referendare erreichen, daß er sie in ihren zeitlichen Vorstellungen unbehelligt ließ und wohl auch gegenüber Richtern nichts dazu verlautbaren lassen würde. Der Kollegenkreis war sich aber nicht im Klaren, ob sich der neue Kollege auch an seine unverbindlichen Zusagen halten würde. Die Nagelprobe ließ nicht lange auf sich warten.

Bereits 2 Tage später war es soweit. Gegen 10 Uhr - kurz hintereinander betraten zwei der Referendare das Gericht - der dritte hatte eine Woche Urlaub. Sie waren kaum da, als schon von allen Seiten Gerüchte auf sie einströmten. Kurze Zeit später wurden sie aufgefordert, zum rangältesten Inspektor zu kommen. Eile sei angebracht. Dort erfuhren sie, was los war. Offensichtlich war ein unbekannter Mann beim Gericht aufgetaucht und habe um Aufnahme einer einstweiligen Verfügung ersucht.

Ein Richter sei nicht anwesend gewesen. So habe man nach Referendaren gesucht, einzig den Neuankömmling habe man gefunden und diesen nun gebeten, das Protokoll nach den Angaben des Antragstellers anzufertigen.

Völlig überrascht habe sich dieser mit barschen Worten geweigert. Nach dem Ausbildungsplan sei er nur für Urteile, nicht aber für einstweilige Verfügungen zuständig. Alles war aufgeregt. Das war noch niemals vorgekommen, daß sich ein

Referendar geweigert hatte. Die beiden anderen Referendare wurden nach ihrer Ansicht gefragt. Sie gaben, nachdem sie sich kurz angesehen hatten, zunächst ihrem widerspenstigen Kollegen im Prinzip Recht, meinten dann aber, sie seinen grundsätzlich bereit, die Sache in die Hand zu nehmen. Außerdem wollten sie mit ihrem ablehnenden Kollegen nochmals sprechen. Dieser war sich seiner Sache absolut sicher und kam auch zu keinem anderen Ergebnis, als sich der Oberamtsrichter, dem der Fall inzwischen berichtet worden war, mit der Sache befaßte und den neuen Kollegen zu sich zitierte. Mit seinem rollenden R erklärte er dem staunenden Richter, der sich nicht erinnern konnte, jemals Widerworte eines Referendars gehört zu haben, er müsse nur Urteile schreiben. Der Richter brüllte ihn an, er habe hier alle Sachen zu tun, die man ihm auftrage. Gott sei Dank hörte der Referendar nach dreimaliger Rede auf, ihm zu widersprechen und, nachdem der Oberamtsrichter von dem dienstältesten Inspektor gehört hatte, daß die anderen Referendare die Angelegenheit erledigt hatten, ließ er den Vorfall im wesentlichen auf sich beruhen, nicht ohne alle Referendare vorzuladen, um ihnen in feierlichen und salbungsvollen Worten zu sagen, sie müßten die ihnen übertragenen Rechtssachen für Gott und Vaterland ordentlich ausführen. Dies war das erste Zusammentreffen mit dem Kollegen.

Es fügte sich aber, daß, nachdem die Referendare vom Amtsgericht zum Landgericht versetzt wurden, einer nach etwa 2 Monaten mit diesem 20 Jahre älteren Referendarkollegen - nennen wir ihn Sch. - nochmals, und zwar laufend zusammentreffen sollte. Während er nichts Böses ahnend, an der Ausarbeitung eines Beschlusses für seinen Ausbilder arbeitete, der dann bei einer gemeinsamen Beratung der 3 zuständigen Richter erörtert werden sollte, ging die Tür auf und Kollege Sch. stand vor ihm.

Man begrüßte sich und stellte fest, daß man die nächsten 2 Monate gemeinsam demselben Richterkollegium mit unterschiedlichen Ausbildern zugeteilt war.
Zweimal in der Woche sahen sich die beiden Referendare, einmal bei der Beratung des Richterkollegiums, an der alle 3 Richter und die jeweiligen Referendare teilnahmen und weiter bei der wöchentlich stattfinden Referendararbeitsgemeinschaft aller 30 beim Landgericht tätigen Referendare.

Bei der wöchentlichen Arbeitsgemeinschaft machte der Kollege Sch. zunächst einen guten Eindruck, weil er sich im Gegensatz zu allen anderen Kollegen bei allen Fragen meldete, die der Leiter, ein amtierender Richter, stellte. Da die erste Frage richtig beantwortet worden war, meinten alle, er sei eine besondere Kapazität und man begann in der ersten Pause, sich um diese Kapazität zu scharen. Aber im zweiten Teil der Veranstaltung änderte sich das Bild gründlich. Zunächst änderte sich nichts daran, daß sich der Kollege Sch. bei allen Fragen meldete. Er kam auch des öfteren dran und als der Ausbilder fragte, wer in zwei Wochen ein Referat über ein bestimmtes Thema halten könne, war Sch. sofort bereit, diese Aufgabe zu übernehmen.

Auffallend war im weiteren Fortgang der Stunde, daß die vom Kollegen Sch. gegebenen Antworten nicht ganz zu den aufgeworfenen Fragen paßten.
So konnte es zum Beispiel passieren, daß auf die Frage des Ausbilders, welche Konsequenzen straf- und zivilrechtlich außerehelicher Verkehr habe und worauf man achten müsse, daß Kollege Sch. zitierte: „Jeder hat sich im Verkehr zu verhalten, daß kein anderer geschädigt oder nach den Umständen vermeidbar, belästigt wird". Zunächst war unklar, ob das ein Spaß sein sollte oder ernst gemeint war, aber nach und nach stellten alle fest, daß er Fragen entweder nicht oder nicht richtig verstanden hatte oder sie zu wörtlich nahm.

Aber das war erst der Anfang.

Der große Auftritt des Kollegen kam bei seinem Referat.
Es begann damit, daß Sch. einen Zettel hervorholte und er eine Entscheidung vorzulesen begann, ohne daß irgend jemandem klar wurde, was sie mit der Akte zu tun hatte, über die er referieren sollte. Jeder erwartete zunächst eine kurze Einführung in den Fall, dann seinen Entscheidungsvorschlag, also eine Möglichkeit, wie man ihn lösen konnte. Dabei konnte man sich auch mit der Rechtsprechung auseinandersetzen. Das schien der Leiter auch zu glauben, was sich in seinen Worten ausdrückte:
„ Herr Kollege Sch., teilen Sie uns doch mit, um was es geht!" Da kam er aber beim Kollegen Sch. an die falsche Adresse.
Er erklärte kategorisch: „ Das muß ich erst einmal vorausschicken", und las seinen Text weiter. Nach zwei Sätzen unterbrach ihn der Leiter der Arbeitsgemeinschaft auf´s Neue und forderte Sch. auf, den Beteiligten den Sachverhalt darzustellen. „Später", erklärte Sch., „erst muß ich das vorausschicken", und war inzwischen wieder einen Satz weiter unter drohendem Rollen aller vorkommenden R's. Dem Vortrag setzte der Leiter der Arbeitsgemeinschaft ein Ende, gebot dem Kollegen Sch., sich hinzusetzen und setzte den anwesenden Referendaren, die sich ansahen, den Kopf schüttelten oder vor sich hin lachten, den Fall mit kurzen Worten auseinander. Danach forderte er den Kollegen Sch. auf, nunmehr die von ihm erarbeitete Lösung vorzutragen. Von seinen Platz aus begann Kollege Sch., die unterbrochene Stelle aus einem Urteil weiter vorzulesen, ohne daß etwas gewesen wäre, was unter den Zuhörern ein homerisches Gelächter auslöste, so daß der Ausbildungsleiter die Vorlesung des Kollegen Sch. nicht unterbrechen mußte.

Während jeder der Anwesenden glaubte, es habe sich um einen einmaligen Fall des etwas unbeholfenen Kollegen Sch. gehandelt, wurde der beim gleichen Richterkollegium zur Ausbildung eingeteilte Referendar eines Besseren belehrt.
Bei der Beratung des Richterkollegiums hatte Kollege Sch., der gewiß älteste Referendar, von seinem Ausbilder, einem der jüngsten Richter am Gericht, den Auftrag erhalten, den Inhalt einer Akte kurz zusammenzufassen, zur völligen Verblüffung der Referendarkollegen geschah das gleiche Spiel wie in der Arbeitsgemeinschaft.
Kollege Sch. hatte sich mit einer Karte, auf der ein Urteil abgedruckt war, bewaffnet und begann, vorzulesen. Er kam nicht weit, denn er wurde von dem Vorsitzenden Richter höflich unterbrochen. Der bedeutete ihm, er möge den Anwesenden zunächst den Sachverhalt darlegen, dann könne er das Urteil vorlesen. Kollege Sch. ließ sich nicht beirren und sagte: „ Das muß ich erst einmal vorausschicken“, und las weiter. Diesmal unterbrach ihn sein Ausbilder: „Sie sollen erst den Fall nach der Akte darstellen oder haben Sie die Akte nicht gelesen?" Kollege Sch. beharrte darauf: „Ich muß das erst einmal vorausschicken“, worauf ihm sein Ausbilder die Akte unter betretenem Schweigen der Anwesenden wegnahm, selbst kurz in der Akte blätterte und sodann den Sachverhalt in knappen Sätzen darstellte.
Der Rest der Beratung ist nicht von erheblicher Bedeutung.

Einige Tage später beschwerte sich Kollege Sch. bei einem Referendarkollegen über seinen Ausbilder mit den Worten: „Es ist eine Unverschämtheit, mir zu unterstellen, ich hätte die Akte nicht gelesen. Ich kann schnell lesen, ich lese einen Karl May in einem Tag, das soll mein Ausbilder einmal machen!“

Ob der Kollege Sch. sein Examen geschafft hat? Ich weiß es nicht.

Nach Angaben von Bekannten soll er beim ersten Mal durchgefallen sein. Vielleicht wollte er etwas „unbedingt vorausschicken.“

26.
Standesgemäße Kleidung

Sie sind liberal und meinen, daß es eine standesgemäße Kleidung heute nicht mehr gibt. Man muß keinen dunklen Anzug anziehen, um ins Theater zu gehen, es hängt allein vom eigenen „Gusto" ab. Das gilt für alle Gelegenheiten von der Taufe über die Hochzeit bis zur Beerdigung. Alles andere ist überkommen.
Wenn Ihre Jeans in der Oper nicht passen, braucht man ja nicht hinzusehen, Hauptsache ist, man hat sich gewaschen.

Da bin ich völlig anderer Ansicht, die sogenannte liberale Ansicht mag für Studenten richtig sein, aber eine gewisse Tradition muß sein. Schließlich ist ein Opernbesuch etwas Besonderes. Man geht auch zu den Bayreuther Festspielen oder zur englischen Königin in der vorgeschriebenen Kleidung, das ist keine Einschränkung.
In der Freizeit kann ja jeder anziehen, was er will.
Was meinen Sie denn, verehrte Leser zu folgendem Fall:

Im Zeitalter, in dem ein Zweitstudium neben dem Beruf häufiger geworden ist, geschah es, daß ein Mann mit 40 Jahren beschloß, ein Studium anzufangen und dies nicht nur hobbymäßig zu betreiben, sondern sich wie jeder andere Student auch den geforderten Prüfungen zu stellen. Er fiel selbstverständlich schon dadurch auf, daß er als Einziger im Anzug mit Schlips und weißem Hemd erschien, während die Studenten abgetragene Jeans, im abgetragenen kariertem Hemd und Latschen erschienen. Auch bei dem Professor und dessen wissenschaftlichem Assistenten erregte er Aufsehen.
Man kann auch sagen, der Aufzug dieser beiden wunderte den Altstudenten. Also der Professor hatte eine Zottelfrisur, die als Haarkranz den restlichen kahlen Kopf umkränzte, trug eine Nickelbrille und ein etwas verwaschenes rot-blau kariertes

Hemd. Dazu trug er Jeans, deren Grundfarbe einmal dunkelblau gewesen sein mußte und braune Gesundheitssandalen.
Er durfte Anfang 40 sein. Beim Hereinkommen nahm er einen
schwarzen Rucksack vom Rücken. Später stellte der Altstudent fest, daß der Professor mit einem alten schwarzen Da-
menfahrrad mit Gesundheitslenker gekommen war.
Der Assistent war eine Art Rockerverschnitt mit Lederklei-
dung, Fallschirmspringerstiefeln, bis über die Knöchel ge-
schnürt. In der Hand hielt er einen Motorradhelm, aus dem
man unschwer schließen konnte, wie er zur Vorlesung bzw.
zum Seminar, um ein solches handelte es sich, gekommen
war. Thema des Seminars war die Rechtsphilosophie von He-
gel. Die wichtigsten Punkte dieses Themas und seiner Behandlung kamen vor allem dadurch zum Ausdruck, daß der
Professor - vermutlich, um einen besseren Überblick zu haben
- auf der Stuhllehne Platz genommen und die Füße auf der
Stuhlfläche abgestellt hatte. Der Assistent war mehr für´s
Liegen, er hatte seine Füße auf einem Tisch vor ihm abgestellt, damit man die gut geschnürten Schuhe besser bewun-
dern konnte. Nachdem sich unser Altstudent an die für ihn
ungewohnte Umgebung gewöhnt hatte, versuchte er, dem
Seminar und den handelnden Personen, so gut er konnte, zu
folgen. Das waren also die Koryphäen der Philosophie, er
hatte sie sich in seiner „beschränkten" Vorstellung anders ein-
gebildet.
Vielleicht erinnerte er sich an sein Studium vor 20 bzw. 25
Jahren und an die Professoren in Anzug mit Schlips und weiß-
gestärktem Hemd. Wie er später erfuhr, gab es noch Fakultä-
ten oder Fachbereiche, in denen das heute noch üblich ist.
Na ja, war auch nicht weiter wichtig!

Um nicht allzu sehr aufzufallen, beschloß er beim nächsten
Mal ebenfalls in Hemd und Hose zu kommen, als er in seinem
Nachdenken gestört wurde. Neben ihm hatte sich ein Student,
er schätzte ihn auf Anfang 30 Jahre, seine hohen Schuhe aus-

gezogen und patschte zu seinem Vergnügen in der Lache von Kaffee herum, den er aus seinem Pappbecher soeben verschüttet hatte. Das Wundern fand kein Ende, als die Tür aufging und ein junger Mann - offensichtlich ein Student mit vier Schnüren hereinkam. Diese Schnüre zogen, anders kann man es nicht beschreiben, vier braunrote Hühner. Der Student erklärte zur Freude der Beteiligten, er habe die Hühner nicht allein zu Hause lassen können, was dazu führte, daß die drei Studentinnen vorübergehend ihr Strick- bzw. Häkelzeug niederlegten, um die Tiere näher zu begutachten. Nach der Stunde unterhielt sich der Altstudent mit Studenten neben ihm, die ihn gleich dutzen und ihn in aller Form, aber unmißverständlich darauf aufmerksam machten, daß er nicht „standesgemäß" angezogen sei. „So kannst Du doch hier nicht anturnen, da fällst Du doch völlig aus dem Rahmen", meinte einer freundlich.

„Du bist doch hier nicht bei der Bank oder bei der Beerdigung, komm´ doch in Jeans!" Der Altstudent wunderte sich über die herrschenden Konventionen und versprach, so gut er konnte, den Ansprüchen zu genügen.

Er wollte doch nicht Außenseiter sein, sondern dazugehören!

27.
Ein Fremdenführer für jede Gelegenheit

Kennen Sie einen gewissen Bollek? Nein, na er kann auch
Smith, Jose oder Jean heißen. Der Name ist unerheblich, die
Rolle, die er spielt, ist von Bedeutung.
Nehmen wir an, Sie fahren in ein Urlaubsgebiet, in dem Sie
noch niemals waren, dann wird er Ihnen möglicherweise be-
gegnen:

Ich glaube, Sie müssen ihn treffen. Wo Sie ihn treffen können
und was er für eine Funktion hat? Das ist ganz einfach, vielleicht hilft er Ihnen am Flughafen, einen Wagen für den Koffer
zu finden, er sitzt neben Ihnen an der Bar im Hotel, steht in
der Bank neben Ihnen beim Geldwechseln, sitzt in einem Restaurant am Nebentisch oder Sie beobachten ihn, wie er in der
Landessprache leicht und lässig parlierend, einem Landsmann
von Ihnen zu einem Sonnenschirm verhilft.

 Er ist braun gebrannt, sieht gut aus, ist nicht über 1,80 m
groß.
Die Familienverhältnisse sind im Augenblick unerheblich.
Also nehmen wir an, Sie sind ein Ehepaar mit einer erwachsenen oder fast erwachsenen Tochter und haben Bollek in einem
Restaurant kennengelernt. Er ist mit Ihnen ins Gespräch gekommen, Sie haben im Verlauf des Gesprächs erkennen lassen, daß sie zum ersten Mal hier sind und sich weder hier noch
in der Umgebung auskennen.
Das bringt Bollek auf die Idee, ob Sie etwas gegen einen kleinen Ausflug zur X-Bucht hätten. Dort gäbe es ein wunderba-
res, kleines Restaurant mit herrlichem Fisch, der in der vergangenen Nacht gefangen worden sei. Dazu reiche man
Kartoffeln in Meerwasser gekocht, einen echten Mojo,
d.h. eine feurig-rote Soße aus scharfem Paprika, Knoblauch
und anderen frischen Gewürzen frisch hergestellt, einen To-

matensalat und dazu schönen spanischen Landwein von den Weinbergen aus der Nähe des Dorfes.
Am Abend könne man noch einen herrlichen Sonnenuntergang genießen. Wenn Sie wollten, könne er Sie übermorgen am Hotel abholen, so gegen 11 Uhr, wenn es Ihnen recht sei. Man tauschte Namen aus und gab Bollek - so hieß der unbekannte freundliche Herr - ihre Hotel- und Zimmernummer. Nein, Sie werden weder beklaut noch betrogen, jedenfalls nicht von Bollek.

Zur vereinbarten Zeit erscheint er mit einem alten Mercedes mit spanischem Kennzeichen, alles etwas verstaubt. Es ist ein einmalig schöner Tag, das Essen ist köstlich, die Stimmung ausgelassen und der Sonnenuntergang begeistert sie, so etwas hat das deutsche Paar mit seiner Tochter noch nie gesehen. Bollek hat alles mit seiner Video-Camera gefilmt und gegen alle Versuche der Familie das Essen für alle Personen bezahlt. Auf dem Heimweg hat er vorgeschlagen, morgen oder übermorgen zum typischen Markt in Santa Cruz zu fahren. Man müsse aber schon zeitig losfahren, sonst könne man die interessanten Marktszenen mit dem Gefeilsche der Marktfrauen, den Bauern vom Lande nicht verfolgen. Gesagt, getan, in den folgenden Tagen besuchte man noch die Kathedrale, eine Tropfsteinhöhle und einen Folklore-Abend. Man konnte sich gar nicht vorstellen, wie man ohne Bollek hatte auskommen können.

Beim dritten Mal hatte er sich auch nicht mehr geziert, als die Urlauber die Bezahlung von Essen und Getränken und Eintritten übernommen hatten. Auch den Zuschuß zum Benzin hatte er nicht abgelehnt. An einem der letzten Tage hatte Bollek ihnen vor der großen Abschiedsparty mit reichlich Sangria noch eine Siedlung von Ferienhäusern gezeigt, die man käuflich erwerben könne. Durch ihn würden sie ein derartiges Haus - es gefiel ihnen wirklich gut und dann in der schönen Landschaft, immer Sonne, Sauna und warmes Wasser und gar nicht so teuer - zu einem besonders günstigen Preis kaufen können. Ab dem dritten Tag hatte das deutsche Paar auch nichts dagegen, wenn der liebe, gute Bollek der Tochter noch die Disco sowie auch andere Tanzlokale und verschiedene andere interessante Sachen zeigte. Unabhängig davon, ob das Ehepaar mit Tochter ein Haus kaufte, am letzten Tag schenkte Bollek den drei Freunden aus Deutschland ein Video, auf dem die gemeinsamen Ausflüge aufgenommen waren.

Am Tag der Abreise saß Bollek schon wieder in einem Lokal, diesmal unterhielt er sich mit einem belgischen Paar, spielte mit dessen 6-jährigem Kind. Von was er lebte? Na, von den Touristen. Er verkaufte eine Reihe von Häusern. Mit den Abenteuern, die er mit anderen Frauen gern oder gezwungenermaßen erlebte, hatten sich seine Frau und seine 16-jährige Tochter abgefunden, von ihnen wußten die Touristen nichts.

Sie sagten sich - so wie er - der Zweck heiligt die Mittel!

28.
Deutsche Volkslieder

Kennen Sie deutsche Volkslieder? Können Sie oder Ihre Kinder eine Strophe singen? Nein, Sie auch nicht! Dann lesen Sie einmal weiter, auf welch´ ungewöhnliche Weise man zum Genuß deutscher Volkslieder kommen kann.

Auf einer Reise durch den Süden der ehemaligen Sowjetunion, besser der Länder Kirgisien, Kasachstan und Usbekistan, geschah folgendes:

An einem schönen Sonnentag - in Rußland lag Schnee und es gab Frost von Sibirien bis Moskau und Leningrad, wie aus den Nachrichten zu hören war, denn es war schließlich erst der 15. März und wir, eine kleine Gruppe, befanden uns in dem geheimnisvollen Samarkand, einer alten, immer noch prachtvollen Stadt mit wundervollen Moscheen und Koranschulen, die die Jahrhunderte überdauert hatten und die auch der Kommunismus mit seinen Druckmitteln nicht zerstören konnte. Weder den Gebäuden noch der Frömmigkeit der Menschen hatte er etwas anhaben können.
Gerade das bevorstehende Ende der achtziger Jahre hatte die Machthaber veranlaßt, der Religion und den nationalen Eigenheiten der Völker mehr Raum zu geben. Wie oft hörte man die Worte von Kirgisen, Turkmenen und Usbeken im persönlichen Gespräch trotzig und mit Stolz in der Stimme äußern: „Das ist unser Land, die Russen sollen nach Hause gehen."

Im Theater wurden Stücke in der jeweiligen Volkssprache aufgeführt, Ausländern verwehrte man aber gezielt den Besuch! Eine Gruppe von 10 Deutschen befand sich in einem Kleinbus auf einer Fahrt durch das Land. Nachdem man Samarkand, die Stadt der Minarette, der Fayencen, der Muezzins, der Eselskarren, der Kamele, der schreienden Straßenhändler mit wettergegerbten dunkelbraunen Gesichtern aus allen Völkern, es gibt mehr als 100 verschiedene Volksgruppen, aber auch der Trolleybusse, der im Plattenstil errichteten Wohnblocks, der russischen Warenhäuser ohne Waren, der russischen Soldaten in Jeeps hinter sich gelassen hatte, ging es endlich auf´s Land und man näherte sich einer in der Ferne liegenden Gebirgskette. Die Straße wurde holpriger, jeden Stoß spürte man in dem schlecht gefederten Bus.

Gegen Mittag war das Ziel erreicht. Die Gruppe war an einer Sowchose angekommen. Zuerst besuchten sie den Fuhrpark, große Traktoren und Mähdrescher, die sie genau erklärten bekamen, Geschwindigkeit, PS-Zahl, Benzinverbrauch usw.. Die Zahlen über die jährliche Ernte, die Anzahl der arbeitenden Menschen, der neue 5 - Jahres- Plan und wieviel Helden der Arbeit dieser Großbetrieb bereits im vergangenen und den vorigen Jahren hervorgebracht hat.

Danach ging es zu Mittagessen, es nahmen etwa 10 Leute teil. Das Essen wird zu allen Zeiten - heute wie in der früheren Sowjetunion -, damit es besser hinuntergeht, mit reichlich Wodka geschmiert. Dazu gibt es Bier. Dabei wird auf die Freundschaft, das lange Leben, das schöne Leben, die beiden Völker, den Frieden, die Gerechtigkeit und die Freiheit angestoßen. (Wenn Ihnen noch etwas einfällt, können Sie das gerne an dieser Stelle ergänzen oder einsetzen.)
Und es wurde immer lauter. Plötzlich verstanden sich alle über die Sprachbarrieren hinweg. Die Übersetzung durch die Dolmetscherin und Reiseleiterin ist überflüssig, alles lacht und schreit durcheinander. Eben noch wildfremde Menschen umarmen sich und schlagen sich auf den Rücken. Dann singen zwei, dann drei Gastgeber - egal, ob auf russisch oder kasachisch- und immer mehr stimmen ein, bis die ganze Gruppe singt. Die Deutschen hören zu, es klingt zwar nicht immer konzertreif, aber es wird mit Inbrunst gesungen und vor allem

laut. Keiner geniert sich, gleich ob Mann oder Frau. Nachdem man von den örtlichen Volksweisen auch noch ein paar russische gesungen hat - wie zum Beispiel Kalinka - und sämtliche 10-18 Strophen, erklärte uns die Dolmetscherin und Reiseleiterin, eine hübsche junge Frau von 28 Jahren, daß jetzt die Deutschen ein paar ihrer schönen deutschen Volkslieder singen sollen. Zunächst wehrten alle energisch ab, sie könnten zwar singen, die russischen Lieder seien alle viel schöner, aber das zählt nicht. Den lauten Rufen der gesamten Gastgebergruppe mußten sie sich beugen. Jetzt die Frage, was gesungen werden soll. Vorschläge gibt es wenige, die vorgeschlagenen Volkslieder, wie z. B. „Blau, blau ist der Enzian" und „Ein bißchen Frieden", „When the saints go marching in", „Wie ist es am Rhein so schön", „Schwarzbraun ist die Haselnuß", werden nach einer längeren Diskussion schließlich verworfen, weil ihnen die Texte nicht geläufig waren. Außerdem meinte jemand, er habe Bedenken, ob das alles Volkslieder seien. Die Entscheidung wurde ihnen abgenommen, als die Dolmetscherin das Lied „Am Brunnen vor dem Tore" anstimmte. Einige Deutsche konnten wenigstens zwei Verse singen, einer die erste Strophe, danach sang nur noch die Dolmetscherin, die anderen Deutschen begleiteten mit" La, la". Das ging so bei den anderen Strophen und den anderen Liedern von „Im Frühtau zu Berge", „Wohlauf die Luft geht frisch und rein", „Der Jäger aus Kurpfalz" usw. bis zu „Guten Abend, gute Nacht". Das Repertoire an deutschen Volksliedern dieser Frau war unerschöpflich. Sie kannte immer alle Strophen und sang sie unter dem Beifall ihrer Landsleute, begleitet von einem kräftigen Chor von Deutschen, die ein ausdrucksstarkes und von Lied zu Lied sich steigerndes " La, la, la" zustande brachten. Es war sehr eindrucksvoll! Nachdem sie etwa 12-14 Lieder gesungen hatte, erklärten die Gastgeber, man müsse jetzt wenigstens die beiden Nationalhymnen singen.

Alle Gastgeber sowie die Deutschen standen auf, hoben ihre randvollen Wodka-Gläser und die Russen sangen zunächst mit voller Kehle todernst, die rechte Hand an die linke Brust gelegt, wo je nach Geschlecht, etwas höher oder tiefer das Herz zu sein schien, die sowjetische Nationalhymne. Dann kam der bewegende Augenblick für die Deutschen, es gab tatsächlich zwei, die die ganze 3. Strophe kannten.
Völlig ungeübt sangen sie mit brüchiger Stimme, andere summten leise mit, wobei man das Gefühl hatte, es sei ihnen irgendwie peinlich oder sie hätten etwas schlechtes gegessen.

Die Dolmetscherin, die wohl noch etwas Musikalisches beisteuern wollte, schlug dann den Deutschen vor, man könne vielleicht den englischen Schlager aus der Hitparade singen. Die Zustimmung der Deutschen war groß. Jetzt konnten endlich alle mitsingen.

Es wurde ein gemütlicher internationaler Nachmittag.

29.
Der Stempel

Vor Jahren ist mir folgender Gerichtsfall zu Ohren gekommen. Er zeugt von der Verzweiflung eines Mannes, seine Ehe zu retten, die Anstrengung einer Frau vom geliebten, ungeliebten Mann wegzukommen, und der List eines Anwalts.

Zufällig wurde ich Zeuge eines Gespräches vor Gericht, in dem die Ehefrau - sie sah ganz hübsch aus - beteuerte, sie wolle endlich von ihrem Ehemann geschieden werden. Man habe sich nichts mehr zu sagen. Nun ziehe sich die Angelegenheit schon fast ein Jahr hin und heute sei bereits die 2. Verhandlung, ohne daß die Ehe geschieden worden sei. Einer der drei Richter - damals waren es drei Richter - fragte den Ehemann, ob es seinerseits Scheidungsgründe gebe. Dieser antwortete entrüstet: ,,Nein, es gibt überhaupt keinen Grund. Wir lieben uns doch!" ,, Das kann doch wohl auf Ihre Frau nicht zutreffen, sonst würde sie doch keinen Antrag auf Scheidung stellen." ,,Ich verstehe das ja auch nicht", entgegnete der Ehemann traurig, ,,wo wir uns doch noch immer lieben."

Da schaltete sich der Anwalt der Ehefrau ein und fuhr den Ehemann an: ,,Was meinen Sie denn damit? Das ist doch Blödsinn, der Herr Berichterstatter hat Ihnen doch schon gesagt, daß Ihre Frau Sie doch nicht lieben kann, wenn Sie von Ihnen loskommen will." ,,Vielleicht könnte das mein Mandant selbst erklären", meinte der Anwalt des Ehemannes."
Was heißt das ,,lieben", schläft Ihre Frau noch mit Ihnen?"
Diese Frage schien dem Ehemann völlig absurd zu sein.
,,Ja, selbstverständlich, Herr Rechtsanwalt!" ,,Was heißt das, hat sie denn seit Einreichung der Klage noch mit Ihnen verkehrt, d. h., Geschlechtsverkehr mit Ihnen gehabt?" ,,Ja, sicher", entgegnete der Ehemann. ,,Und wann, können Sie ein

Datum, wenigstens ungefähr angeben?" „Vergangene Nacht", stieß der Ehemann hervor, als sei es das Selbstverständlichste der Welt. „Was", sagte der Vorsitzende des Gerichts, „Sie wollen ernsthaft behaupten, Ihre Frau, die Klägerin habe letzte Nacht mit Ihnen geschlafen?" „ Ja, natürlich!" Der Richter wandte sich an die Ehefrau, die vor sich hinlächelte. „Stimmt das?" „Nein", entgegnete diese, „davon ist kein Wort wahr!" „Aber Liebling, warum erzählst Du denn nicht die Wahrheit", wandte der Ehemann vorwurfsvoll ein. Da schaltete sich der Anwalt der Ehefrau ein: „Herr Beklagter, meine Mandantin läßt sich nicht der Lüge bezichtigen." „Überlegen Sie genau, was Sie sagen", ermahnte auch der Vorsitzende Richter. „Aber wenn es doch so ist."

„Ich glaube, so kommen wir nicht weiter, ich beantrage die Vertagung der Sitzung, es muß von uns überlegt werden, ob wir nicht doch der Scheidung zustimmen."

„Beschlossen und verkündet, die Sitzung wird vertagt, nächster Termin. Ich hoffe, Sie sind einverstanden", wandte er sich an den Anwalt der Ehefrau, „in 3 Wochen".

Die Sache schien spannend zu werden. Und da ich an dem Termin in 3 Wochen ebenfalls bei Gericht zu tun hatte, beschloß ich, mir den Fortgang dieses Prozesses anzusehen.

An dem Prozeß hatten außer den Beteiligten offensichtlich noch andere Anwälte Interesse.

Nachdem die Formalien erledigt waren, wandte sich der Vorsitzende wieder an den Ehemann und fragte ihn: „ Na, haben Sie sich die Sache überlegt, stimmen Sie einer Scheidung zu?" „Nein, auf gar keinen Fall", sagte der Ehemann, „jetzt schon gar nicht; wir haben letzte Nacht wieder miteinander geschlafen", stieß der Ehemann triumphierend hervor. „Jetzt habe ich aber die Nase voll", schrie der Anwalt der Ehefrau", hören Sie endlich auf mit diesen Beschuldigungen und Unterstellungen!" „Wir können es beweisen", ließ sich plötzlich der Anwalt des Ehemannes vernehmen. „Wie denn das", fragte der Vorsit-

zende des Gerichts." „Ich stelle den Antrag, die Klägerin
durch einen Arzt sofort gerichtlich untersuchen zu lassen.
Die Untersuchung wird ergeben, daß mein Mandant mit der
Klägerin letzte Nacht intim war", gab der Anwalt des Ehemannes zu Protokoll. Der Vorsitzende versuchte dem Anwalt
des Ehemannes mit bewegten Worten klarzumachen, daß eine
derartige Untersuchung nach seinen, wenn auch bescheidenen
Kenntnissen, nicht zu einem verwertbaren Ergebnis kommen
könne. Allein der Anwalt des Ehemannes beharrte darauf.
Er bat den Vorsitzenden und den gegnerischen Anwalt um
eine kurze Unterredung.

Nach einer kurzen Pause kamen Richter und Anwälte wieder
in den Gerichtssaal. „Ich ordne an", erklärte der Vorsitzende,
„daß die Klägerin sofort durch einen Arzt untersucht wird.
Die Parteien haben im Gerichtssaal zu verbleiben.
Herr Wachtmeister, stellen Sie fest, wo Sie schnellstens eine
Ärztin oder einen Arzt auftreiben können. Bereits nach einer
Viertel Stunde betrat der Wachtmeister zusammen mit einer
Frau den Gerichtssaal. „Sie sind Ärztin?" „Ja", entgegnete die
unbekannte Frau.
„Ich habe Sie darauf aufmerksam zu machen, daß Sie Frau ...
- er nannte den Namen der Ehefrau - , „ eingehend körperlich
untersuchen müssen und sodann unabhängig und neutral ihr
Gutachten zu erstatten haben." Dann verschwanden die beiden
Frauen mit dem Wachtmeister.

Es waren noch keine zehn Minuten vergangen, als der
Wachtmeister und die beiden Frauen wieder im Gerichtssaal
erschienen. Die Ärztin konnte sich das Lachen nicht verkneifen. „Was haben Sie festgestellt", fragte der Gerichtsvorsit-
zende.
„Eigentlich gab es nichts Besonderes, zumindest vom Medizinischen her." „Sehen Sie", triumphierte der Anwalt der Ehefrau.

„Ich bitte, die Gutachterin ausreden zu lassen. Sie sagten,
vom Medizinischen her gäbe es keine Besonderheiten.
Was erregt dann Ihre Heiterkeit?"
„Ich fand auf dem Po der Klägerin einen Stempelabdruck mit
folgendem Inhalt.
Einen Moment, ich habe es aufgeschrieben. *Eingegangen,
13.04.19..Rechtsanwalt.*" Und sie nannte das heutige Datum
und den Namen des Anwalts des Ehemannes.

Mit allgemeinem Gelächter im ganzen Gerichtssaal endete der
Prozeß. Das Gesicht der Klägerin verfärbte sich rot, ihr
Rechtsanwalt beeilte sich, den Antrag auf Scheidung zurück-
zunehmen. Vor dem Gerichtssaal schüttelte der Ehemann unter Lachen die Hand seines Anwalts, ergriff seine Aktentasche
und gab ihm Stempel und Stempelkissen zurück.

Ob die Ehe gehalten hat oder später geschieden wurde, ist mir
nicht bekannt.

30.

Bildung ist, im richtigen Moment gut informiert zu sein

Wieviel Bildung braucht der Mensch?

Nein, Sie brauchen nicht irgendwelche Professoren zur Beantwortung dieser Frage zu bemühen. Die Frage läßt sich ganz einfach beantworten, es hängt von der Gelegenheit ab, bei der man sie unter Beweis stellen muß. Die Bildung ist bei einer derartigen Definition nicht vom angeeigneten Wissen in verschiedenen Wissensgebieten und dessen Verarbeitung abhängig, sie bedeutet nur präsentes Wissen bei passender Gelegenheit. Wie ich zu einer solchen Auffassung komme? Ja, ich muß zugeben, neu ist diese Ansicht auch für mich und darauf gebracht hat mich eine Frau, die ich zwar schon seit längerer Zeit kenne, die mir aber erst vor kurzem gestand, wie sie es anfange, in größer Gesellschaften als besonders gebildet zu erscheinen. Sie erklärte mir, da sie wegen ihres Berufes niemals viel Zeit gehabt habe, sich weitgehend zu informieren und zu bilden, sie es aber bei Einladungen und in größeren Gesellschaften leid gewesen sei, den Gesprächen von Reisen in ferne Länder zuhören zu müssen, den Ausführungen aber die Einrichtung eines Barockgartens, der Malertechnik von Picasso in seiner letzten Periode oder dem Klosterleben der Benediktiner im beginnenden 19. Jahrhundert, habe sie sich immer die 3 letzten Tage vor einer Einladung etwa 3 -4 Tageszeitungen mit großem Feuilleton- und Reiseteil sowie ein Wirtschaftsmagazin gekauft. Dann habe sie die dort abgedruckten Artikel über eine neue Aufführung des Ring- Zyklus in Oberhausen oder einer modernen Inszenierung des Faust in Basel gelesen und wichtige Kritikersätze über die Jahrhundertausstellung von Miro in Tübingen auswendig gelernt. Danach habe sie den Reisebericht aber ein exotisches Land zweimal gelesen, sich die wichtigsten Merkmale der dortigen

Luxushotels gemerkt und eine Kurzroute des beschriebenen Reiseberichtes nachvollzogen.

Aus dem Wirtschaftsmagazin sei dann noch ein Bericht über die Anlagemöglichkeiten in Tansania oder Britisch-Guayana von Interesse gewesen. Das Land müsse möglichst weit weg und wenig in Börsen- und Wirtschaftskreisen als anlagewürdig bekannt sein. Schließlich hatte sie noch einen kurzen Artikel über die besondere Klasse der Sauvignons aus Neuseeland, Südafrika gelesen, um schließlich mit einigen hervorragenden Weinlagen in Australien abzuschließen, die sie bevorzuge.

So ausgerüstet, war diese Freundin jeder Gesprächssituation allen Gesellschaftskreisen nicht nur gewachsen, nein, sie stand im Mittelpunkt der Gesellschaft.
Alle Männer schwärmten von dieser überzeugenden, universalen Bildung auf allen Gebieten und die anwesenden Frauen fragten sich, wie sie ein derartiges Niveau erreichen könnten.

Auf die Frage, wie solche Gespräche im einzelnen vor sich gingen, erzählte sie folgendes: Ich lenke bereits beim Stehempfang das Thema des Gespräches mit einem Mann z. B. auf den Urlaub. Dann erzähle ich von der letzten Reise nach X- Land, dem Land, von dem ich gestern ausführlich in der Frankfurter Allgemeinen, der Süddeutschen Zeitung oder der Welt gelesen habe, schwärme von den Menschen, der Vegetation oder den Baudenkmälern. Höre ich durch Zufall, daß das Gespräch auf eine Opern- oder Schauspielaufführung kommt, schildere ich meinen angeblichen Eindruck, indem ich mit meinen Worten die Kritiken von zwei Zeitungen wiedergebe, ausgeschmückt mit einigen Details über Publikum usw..

„Ja, bist Du damit nicht schon einmal hereingefallen, weil ein anderer in der gleichen Aufführung war?" „Nein, das kann eigentlich nicht geschehen, weil ich nur die Tatsachen erwähne, die auch in den Zeitungen stehen und keine Details hinzudichte, um Peinlichkeiten aus dem Wege zu gehen. So lasse ich auch die Daten der Aufführung und des Museumsbesuches offen, indem ich etwa sage, neulich waren wir... . „Du siehst", unterstrich sie mit einem charmanten Lächeln, „ alles ist möglich. Außerdem bekomme ich langsam Routine."

Auf den australischen Wein kann man anläßlich einer Reiseerzählung beim Essen kommen oder, wenn zum Essen ein bestimmter Wein gereicht wird, z. B. so:
„Der Wein ist vorzüglich, aber eine besonders pikante Note zu so einem hervorragenden Essen, wäre ein leichter Wein aus dem Norden Australiens oder Neuseelands.
Sie können sich gar nicht vorstellen, welch´ gute, voll ausgereifte Weine dort in den letzten Jahren erzeugt werden."
„Und die Kompetenz in Wirtschaftsfragen weise ich durch eine Frage nach den Anlagen in den Ländern des kleinen Tigers nach. Der Nachbar, ein Wirtschaftsfachmann, wird dann auf mich aufmerksam. „Siehst Du", wandte Sie sich triumphierend an mich", es kommt nicht darauf an, gebildet zu sein, sondern als gebildet zu gelten."

Fällt Ihnen dazu noch etwas ein?

31.
Die beiden Hähne

Guten Tag könnte er ja schon sagen, wenn ich ihn höflich begrüßt habe.

Man kann doch erwarten, daß der Gruß erwidert wird.

Das gehört doch zu den elementarsten Regeln des Anstandes, so sprach der Hahn leise zu sich, nachdem er sich mehrfach verneigt hatte und laut und deutlich seinen Morgengruß entboten hatte. Sein Gegenüber, ein Wasserhahn, der erst seit gestern an einer Wasserleitung über dem Brunnen im Hof montiert war und silbern in der Sonne glänzte, sagte kein einziges Wort. Ab und zu konnte man in regelmäßigen Abständen ein kurzes, tiefes „Blop, blop" hören. Sicherlich hätte er sich nicht um den Neuen, der sich nicht vom Platz rührte, gekümmert, wenn er nicht gestern zufällig das Gespräch zweier Menschen mitangehört hätte. Erst dadurch wurde er auf den Neuen aufmerksam und seit der Zeit wußte er, daß es sich bei diesem kleinen silbernen Tier, das da auf dem Brunnenrand saß und Wasser trank, um einen Genossen handelte. Er sah schon etwas eigenartig aus. Wahrscheinlich kam er aus einem fremden Land. Das und weiteres aus dem Leben des Nebenbuhlers wollte, der bisher einzige und unumschränkte Herr des Hühnerhofes, erkunden. Jetzt aber fand es dieser unverschämte Patron nicht einmal für nötig, seinen Gruß zu erwidern! Normalerweise würde er sich nach diesem Verhalten nicht mehr weiter um einen solchen Stoffel kümmern, aber neugierig war er doch.

Also beschloß er, noch einen Versuch zu machen. „Sie sind neu hier?" Keine Antwort. „Woher kommen Sie denn und wie gefällt es Ihnen hier?" Sagte sein Gegenüber etwas oder war es das nun schon bekannte „Blop, blop". Der Hofhahn beschloß das Geräusch, das er hörte, als Antwort zu nehmen und etwas von sich, dem Leben auf dem Hof und den hiesigen Gepflogenheiten zu erzählen, damit der neue Hausgenosse sich künftig ordnungsgemäß verhalten würde. „Also", begann er, zunächst darf ich mich vorstellen: „Mein Name ist Napoleon Borgia. Bereits aus meinem Namen dürfte sich auch für Sie meine edle Herkunft ergeben. Seit geraumer Zeit bin ich unumschränkter Herrscher auf diesem Hof. Die Hühner, insgesamt 30, an der Zahl, verehren mich. Ich kann wohl mit Berechtigung sagen - und es schwang ein gewisser Stolz in seiner Stimme mit - sagen, daß sie mich lieben.

Ich regiere hart, aber gerecht über meine Untertanen und bin Ihnen, wenn sie meinen Anordnungen gehorchen, ein gütiger Herrscher, Mann und Vater.

Vielleicht könnten Sie jetzt etwas über sich erzählen."

Er machte eine kleine Pause. Als er aber außer dem „Blopp, blopp" von dem Neuen nichts hörte, beschloß er noch einige Erläuterungen über seine Verdienste und die Ordnung im Hof zu geben.

„Ich bin nach meiner Ausbildung auf den berühmtesten Schulen und Hochschulen in den praktischen Dienst übernommen worden. Nachdem ich zunächst alle Abteilungen als Referent kennengelernt habe, wurde ich Direktionsassistent, später Abteilungsleiter in der Abteilung, Normierung in der Abteilung „Eier".

Dabei war es meine Aufgabe, dafür zu sorgen, daß die Eier in Farbe und Größe den Anforderungen des Handels genügten. Ich war es, der Standards bei der Produktion festlegte.

Später wurde ich Direktor und hatte die Weckabteilung unter mir. In dieser Funktion wurden mir viele Ehrungen und Auszeichnungen zuteil.

Ich bekam sogar das Verdienstkreuz mit Schulterband verliehen. Hätte es nicht die Zerstrittenheit im Vorstand und die Übernahme der Mehrheit der Gesellschaftsanteile durch eine Großvertriebsgesellschaft gegeben, ich wäre heute im Vorstand, so wurde ich in den Außendienst versetzt. Diese Funktion habe ich noch immer.

„Und Sie?" Gespannt wartete der Hofhahn auf eine Reaktion des neuen Hahnes.
Außer dem bekannten „Blop, blop", war nichts zu hören.
Da hörte sich doch alles auf! Konnte der verdammte Lümmel denn nicht antworten!
Man hätte doch wenigstens eine Reaktion erwarten können, Anerkennung, Erstaunen oder Unglauben, aber nichts, gar nichts! Das war der Gipfel!
Er fühlte, daß er wütend wurde. Vielleicht mußte man den Neuen provozieren. Zunächst beleidigte er ihn, indem er alle Schimpfwörter, die ihm einfielen, ausstieß. „Ignoranter, aufgeblasener Wicht, arroganter Depp" waren dabei die geringsten Schmähungen, die er ausstieß; dann begann er mit voller Wucht mit seinem Schnabel auf den Schnabel des Neuen zu hacken. Aber ohne Erfolg, es gab keine Reaktion des Neuen. Das brachte den Hofhahn schließlich derart in Rage und außer Fassung, daß er sich einen Strick, eigentlich war es ein Ende des Flaschenzuges, das vom Vorratsboden herabhing, weil gerade Säcke mit Mehl auf den Boden gezogen wurden -, nahm, und sich aus Wut und wegen der gezeigten Mißachtung durch den Neuen an diesem Strick aufhängte. Er fühlte sich durch das Verhalten des Neuen zutiefst getroffen, er war hier überflüssig, es war eine neue Zeit angebrochen mit arroganten neuen Hähnen, die es ablehnten, mit ihm zu verkehren.
Und wie reagierte der Neue, war er jetzt der unumschränkte Herrscher auf dem Hühnerhof? Bekam er jetzt größere Aufgaben? Weit gefehlt! Nicht einmal in die Küche, geschweige denn ins Badezimmer kam er. Er war untauglich, hatte die TÜV-Plakette nicht bekommen, war ausgemustert worden. Schon seit der Herstellung war er fehlerhaft, hatte Risse. Deswegen hatte man ihn an den Brunnen montiert, wo er keinen Schaden anrichten konnte. Sein „Blop, Blop" war seine Insuffizienz, sein Liebesgesang.

Nach dem Tod des Hofhahnes rostete er allein vor für sich dahin, unbeachtet von allen Geschöpfen des Hofes.

Und wenn sie nicht gestorben sind... .

32.

Der Radrennfahrer oder wie ich den inneren Schweine-hund besiege

Radfahren soll ja - so hat mein Leibarzt, ein guter Freund von mir, immer gesagt - nach Schwimmen zu den gesündesten Sportarten, ja besten körperlichen Betätigungen überhaupt gehören. Das hat mich natürlich überzeugt, vor allem, weil ich keine Gegenargumente hatte. Schon vor mehr als zehn Jahren hatten meine Frau und ich uns Sporträder gekauft, mit 10-Gangschaltung, Sportlenker und hartem Sattel. Aber mehr als alle Schaltjahre eine Stunde waren wir kaum durch die Gegend gefahren.

Mein Leibarzt - er ist wie ich nicht der Jüngste - war immer sportlich gewesen, er hatte die letzten 10 Jahre regelmäßig Tennis gespielt. Jetzt war er seit 2 Jahren im Radfahren aktiv und das kam so. Im Tennisclub seines Wohnortes, den er mit aufgebaut hatte, hatte er regelmäßig an Tennisturnieren teilgenommen und dabei für sein Alter, nein man muß ihm noch mehr Ehre zuteil werden lassen, sogar generell gut abgeschnitten. Vor zwei Jahren war dann der erste Frust eingetreten, als er nicht mehr unter die ersten 15 der Rangliste gekommen war. Alles Training hatte nichts mehr geholfen, er war nicht mehr ganz so wendig. Außerdem hatte er Probleme mit dem Rücken und da die Schmerzen nicht geringer zu werden versprachen und Tennis nach eigener Ansicht und der seiner Fachkollegen nicht gerade gut für den Rücken war, liebäugelte er das erste Mal, mit dem Rad zu fahren.

Den letzten Rest und damit den Umstieg auf's Radfahren hatte ein Tennismatch mit seinem 18-jährigen Sohn bewirkt, der ihn in der Frühsommerhitze vor 2 Jahren über den Tennisplatz gejagt hatte. Während er selbst außer Atem war, völlig fertig im Clubhaus gelandet war, war sein Sohn lässig ohne

jede Erschöpfung gegangen, um noch etwas zu trainieren. Danach hatte er sich ein Rennrad gekauft und war zunächst zweimal mit seinem Sohn, dann - da das Interesse an regelmäßigen Radtouren nachgelassen hatte - war er allein nach Praxisschluß auf das Rad gestiegen. Wie er mir erzählte, nach wollte er jeden Abend seine 30 bis 40 km zurücklegen. Dabei ging es ihm vor allem darum, den „inneren Schweinehund" zu besiegen. Deshalb versuchte er immer, einige Steigungen in seinem Tagespensum zu bezwingen.
Das war vor zwei Jahren.

Letzte Woche hatte er mich zu einer ganztägigen Radtour überredet.
Am kommenden Samstag sollte es soweit sein. Wir wollten eine Tour durch ein deutsches Mittelgebirge machen, nur wir beide allein. Er wollte gegen 7 Uhr früh bei mir sein. Ich stand um 6 Uhr auf, frühstückte, holte mein Rad heraus, zog Turnschuhe, Jeans und ein kurzärmeliges Hemd an und nahm auf den Rat meiner Frau hin einen Anorak mit, falls es regnen würde.

Aber was war das gegen die Erscheinung meines Freundes! Er hatte besondere Radrennschuhe, passende Socken, eine hautenge Radrennfahrerhose an. Die Beine waren mit Vaseline eingeschmiert. Er trug ein Radrennfahrertrikot und eine hautenge und passende Kappe. Und das Rad - ein richtiges Rennrad - 14 Gänge, extrem leicht, keinen Firlefanz wie Gepäckträger, Beleuchtungen und Schutzbleche. Es kam mir vor wie ein Wettrennen zwischen einem Formel 1 - Rennwagen und einem Traktor. Nach kurzem Aufenthalt ging es los.

Mein Freund fuhr vorneweg, ich in gebührendem Abstand hinterher. Auf ebener Strecke kam ich noch in etwa mit, anders war es bei Steigungen. Die ersten 50 bis 100 m hielt ich noch mit, dann fuhr mein Freund auf und davon. Ich stieg aus dem Sattel, quälte mich weitere 100 m höher und begann dann, mein Rad zu schieben. Es dauerte eine geraume Zeit, bis ich den Gipfel mit dem Fahrrad erklommen hatte. Mein Freund saß schon geraume Zeit am Straßenrand und wartete, bis ich gemächlich mein Rad nach oben schob. Er ermunterte mich, am nächsten Berg einen Versuch zu machen. Bergab ging es in sausender Fahrt, da war ich fast schneller als er, was mich zu der Bemerkung veranlaßte: „Meinetwegen kann es nur bergab gehen." Das war aber nicht im Sinne meines Freundes, er erklärte mir, die Bezwingung des "inneren Schweinehundes" am Berg wäre das einzig Wahre." Dieser Sinn war mir völlig neu und konnte mich auch nicht überzeugen. Für mich war die Landschaft, die Bewegung in ihr und das Gefühl von Unabhängigkeit und Freiheit wichtig. Schmerzen zu erleiden, sich zu schinden und sich völlig körperlich zu verausgaben, damit konnte ich nichts anfangen.

Am nächsten, übernächsten Berg war die Prozedur die gleiche: Zuerst der „innere Schweinehund" meines Freundes, dahinter in seiner Verfolgung mein Freund auf dem Fahrrad, dann lange nichts - zuerst ein Abstand von 50 m, dann immer mehr bis zu 500 m oder 600 m - ich mit dem Fahrrad zu Fuß die Straße langsam bergauf wandernd. Oben wartete wie immer mein Freund - sehr ungeduldig -, während ich mein Rad am Lenker führte. Mein Tempo am Berg, besser mein Fußmarsch, setzte dann an einem der nächsten Steigungen noch eher ein, als mir der Anorak vom Gepäckträger in die Gangschaltung kam und ich jetzt nur noch mit größter Übersetzung fahren konnte.

Mein Freund bekam an den Gipfeln der Berge jetzt noch größere Ruhepausen. In einer dieser Pausen fragte ich ihn, der durch meine Schlappheit nicht richtig bis auf´s äußerste gefordert wurde, ob alle Sportler diesen „inneren Schweinehund" besiegen müßten. Ich meinte, daß sei Masochismus.

„Nein, nein", erwiderte er, „das ist auch vom Medizinischen her wichtig, die Grenzen der körperlichen Leistungsfähigkeit kennenzulernen." Ich habe mich damit niemals anfreunden können, obwohl ich seither oft und von vielen Leuten davon gehört habe.

Gefragt habe ich mich nur, wie es mit den Grenzen der geistigen Leistungsfähigkeit steht. Ich habe noch niemanden getroffen, der dabei versucht hat, seinen „inneren Schweinehund" zu besiegen.

Woran mag das wohl liegen?

33.
Der Meldeschein

Formulare sind wichtig, ohne sie gäbe es zahllose Arbeitslose in allen sogenannten zivilisierten Ländern der Erde.

Armen könnte nicht mehr geholfen werden, Sportler könnten ihre Wettkämpfe nicht durchführen, Wissenschaftler ihre Erfindungen nicht anmelden, Flugzeuge dürften nicht starten, Autos nicht fahren, Kochtöpfe und Strumpfhosen nicht auf den Markt gebracht werden. Sie könnten Ihre Kinder nicht im Kindergarten anmelden, mit der Geliebten nicht in eine Wohnung ziehen. Selbst wenn Sie an Gott glauben, würde Ihnen das nichts nützen, wahrscheinlich könnten Sie schon deshalb nicht in den Himmel kommen, weil Ihre Eltern Sie nicht bei der richtigen Religionsgemeinschaft angemeldet haben.

Ohne ein Formular können Sie nicht einmal den Anspruch erheben, ein Mensch zu sein. Nur durch das Formular wird dokumentiert, daß Sie leben. Bisher habe ich immer geglaubt, daß sei eine typisch europäische Manie. Eine Reise nach Südamerika hat mich eines besseren belehrt.

Wir waren ein bunt zusammengewürfelter Haufen von 10 Leuten, die kreuz und quer durch die Anden, von Kolumbien über Ecuador und Peru nach Bolivien, unterwegs waren. Jeden Tag an einem anderen Ort, mal auf 5.000 m auf einem Hochplateau, dann wieder am Amazonas. Früh konnte es auf 4.500 m eiskalt sein, am nächsten Tag in den Urwäldern war es feuchtschwül und die Kleider klebten am Körper.
In den Städten übernachteten wir in großen Hotels, auf dem Land, in den Bergen und im Urwald in irgendwelchen „Lodges". Unser ganzes Gepäck bestand aus einem großen Rucksack, in dem für uns beide, meine Frau und mich, vom elegantem Kleid bis zu Sakko und Schlips alles bereit lag, was

wir nicht am Leib trugen wie Jeans, Stiefeln und Militärpar-
ker.

Während wir in den Städten an Formalitäten gewöhnt waren,
also den obligaten Meldeschein bei der Ankunft auszufüllen
hatten, war er bei den Lodges meist völlig überflüssig. Aus
der Behandlung der Anmeldescheine, nämlich der Ablage auf
einen Stapel, konnte man feststellen, daß ihnen auch von den
Angestellten keine große Bedeutung zugemessen wurde, und
so wurden wir alle immer lässiger beim Ausfüllen.
Einen Test startete ich dann doch:

In Übereinstimmung mit den übrigen Mitgliedern der Gruppe
wurde beschlossen, die Sparte „Beruf" besonders zu beachten
und mit entsprechenden Kuriositäten zu versehen. So fand
sich danach in den Formularen unter Berufsbezeichnung
„Büstenhalter", „Blitzableiter", „Handtuchhalter", „Anlasser",
„Anhänger", „Benzinkanister", „Dokumentar" , „Deodorant",
„Druckknopf", „Düsenjäger", „Eisbecher", „Feuerlöscher",
„Hosenträger", „Hüfthalter", „Korkenzieher", „Motorroller",
„Pfefferstreuer", „Plattenspieler oder „Schuhanzieher".
Die beiden jungen Leute der Gruppe hatten als Bezeichnung
„Augenbrauenstift"und „Buntstift"eingetragen.
Einige der mitgereisten Damen gaben neben dem im Paß
vermerkten Vornamen noch zusätzliche wie „Diagnose",
„Marmelade", „Leukämie" , „Fieberkurve" und „Kalbs-
röschen" an.
Für meine Beschäftigungsfirma fand ich „Ehering" sehr pas-
send.

Gespannt warteten wir den Abend und den nächsten Tag ab,
aber es geschah nichts.
Deshalb beschloß ich, in Zukunft diese Art von Meldescheinen
nicht auszufüllen. Das wollte ich gleich bei der nächsten Loge
in die Tat umzusetzen. Nach einer anstrengenden 14-

stündigen Busfahrt durch die Anden kamen wir in unserem
uralten Vehikel gegen Mitternacht in einer Lodge auf über
4.000 m Höhe an. Wir alle waren müde und durchgefroren
und freuten uns auf ein warmes Bett.
Zunächst sollten wir aber wieder einen Meldeschein ausfüllen,
was ich grundsätzlich ablehnte. Der Empfangschef, ein kleiner
Mann indianischer Abstammung, redete unaufhörlich auf mich
ein. Nach meinem zehnten „manana", wurde es mir zuviel.
Ich nahm unsere Sachen und begab mich auf unser Zimmer.
Der Vorhang war zugezogen, doch es stürmte richtig im
Zimmer.

Meine Untersuchung ergab, daß es zwar einen Fensterrahmen,
aber kein Fensterglas gab, also zogen wir wieder aus und befanden uns kurze Zeit später bei dem Indio der Rezeption.
Dieser nahm die Sache gelassen auf, gab uns einen neuen
Schlüssel und reichte mir den Meldeschein, was ich wiederum
ablehnte.
Dieser zweite Versuch war von Erfolg gekrönt, hier war das
Fenster intakt, aber kalt war es doch und feucht auch. Die
nächtliche Feuchtigkeit des Titicaca-Sees zog durch alle Rit-
zen. Wir zogen alle Sachen aus dem Rucksack an, wickelten
uns in den mitgebrachten Schlafsack, zogen jeder einen Ärmel
des Militärparkers an und versuchten zu schlafen. Wir waren
gerade eingeschlafen, als das Telefon läutete. Nach dem ersten
Schreck ging ich zum Telefon. Eine Stimme – es mochte 2
Uhr sein - erklärte mir, ich hätte die „lista de inscripciones"
nicht ausgefüllt. Ich schrie, er solle mich in Ruhe lassen und
knallte den Hörer auf.

Gegen 4 Uhr läutete das Telefon erneut, wieder die gleiche
Stimme und das gleiche Begehren. Ich bedeckte den Anrufer
mit allen spanischen, englischen und deutschen Flüchen, die
mir einfielen. Nur langsam gelang es mir, mich wieder in

den Schlafsack und den Parker einzuwickeln. Gegen 5 Uhr
muß ich wieder eingeschlafen sein.

Um 6 Uhr klopfte es energisch an der Tür. Ich dachte, wir
müßten schon aufstehen, da wir gegen 8 Uhr aufbrechen
wollten. Da das Klopfen nicht aufhörte, sprang ich zur Tür
und öffnete. Zu meiner Verblüffung - ärgern konnte ich mich
nicht, ich war zu müde - stand der Indio vom gestrigen Abend
mit dem Meldeschein in der Tür. Wenn mich meine Frau vom
Bett her nicht gebremst hätte und ich nicht so müde gewesen
wäre, hätte ich den grinsenden Kerl eigenhändig erwürgt.
So sagte ich ihm nur lächelnd, ich würde den Schein vor dem
Frühstück ausfüllen, was er schließlich akzeptierte. Ich habe
den Schein dann mit Todesverachtung noch vor dem Frühstück ausgefüllt.

<u>Was mir eindeutig beweist:</u>

Formulare sind wichtig!

34.
Recht muß Recht bleiben

Ich traute meinen Augen, mehr aber meinen Ohren nicht. Da stand doch tatsächlich der Richter in eigener Sache vor Gericht, der sonst so forsch mit den Parteien und ihren Anwälten in den Verhandlungen umgeht.
Worum es geht, ich will es Ihnen genau erklären.

Wenn ein Rechtsstreit zwischen zwei Menschen vor Gericht verhandelt wird - nehmen wir an, es handelt sich um eine Auseinandersetzung zwischen zwei Nachbarn um die Höhe eines Zaunes oder die Beseitigung von herabhängenden Zweigen oder um den Streit über die Höhe eines Schadens aus einem Verkehrsunfall. Beide Nachbarn sind durch Rechtsanwälte vertreten. Die beiden Streithähne sitzen mit versteinertem Gesicht neben ihren Anwälten und würdigen den Nachbarn keines Blickes. Der Richter in seiner schwarzen Robe hat links neben sich eine Protokollführerin, ebenfalls mit schwarzer Robe, und einer Schreibmaschine vor sich.

Auf der anderen Seite sitzen 3 junge Leute, eine Frau und zwei Männer mit einem Notizblock. Sie lauschen andächtig der Verhandlung und schreiben ab und zu etwas auf. Wenn der Richter etwas „Wichtiges" sagt, nicken sie leicht mit dem Kopf. Macht er einen Scherz, verziehen sie ihr Gesicht zu einem Schmun zeln. Der Richter agiert mit großer Gestik, vor sich hat er einen großen Stoß von Akten, daneben liegt ein Terminkalender. Zunächst erteilt er den beiden Anwälten das Wort.

Der Anwalt des Klägers steht gewichtig auf, er mag 1,90 groß sein und ca. 2 Zentner wiegen, schaut den Richter, dann seinen Mandanten und schließlich den gegnerischen Anwalt an und beginnt mit lauten Worten, wobei er mit der rechten Hand

in der Luft herumfuchtelt, so als wolle er die Worte unter seiner offenen Robe hervorholen, seine Rede. Er erklärt dem
Richter und den Anwesenden den Sachverhalt und wie sehr
sein Mandant im Recht ist.

Auf den hinteren 3 graugestrichenen Holzbänken sitzen etwa
10-15 Anwälte, die teilweise ihre Akten studieren, sich teilweise leise unterhalten. Ständig geht die Tür auf, andere Anwälte gehen herein, andere gehen hinaus. Einige hören ge-
langweilt der Gerichtshandlung zu. Aufmerksam werden die
Anwesenden erst, als sich dort vorne offensichtlich eine Auseinandersetzung anbahnt. Der Anwalt des Beklagten, ein kleines Männchen mit einer hohen Stimme, springt wie ein Gum-
miball auf und unterbricht den Kollegen in seiner Rede mit den
Worten: „Das kann so nicht im Raum stehen bleiben. Halten
Sie sich doch an die Wahrheit, Herr Kollege."
Das hätte er nicht sagen sollen. Der Anwalt verbittet sich die
Unterbrechung und findet es eine unverschämte Unterstellung,
was der Kollege da von sich gegeben hat. „ Aber werte Herren Kollegen, so fassen Sie sich doch", bittet der Richter.
Nachdem wieder Ruhe eingekehrt ist und der Anwalt des Klägers seinen Vortrag beendet hat, erhebt sich der Prozeßbe-
vollmächtigte des Beklagten. Er weist mit seiner hohen Stimme alles von sich bzw. seinem Mandanten und bittet, die un-
gerechte Klage abzuweisen.

Jetzt beginnt der Part des Richters, nun ist seine Zeit gekommen. Zuerst ermahnt er den Kläger und seinen Anwalt, mit er-
schreckenden Worten macht er beiden klar, daß diese Klage
eine Zumutung sei, sie könne unmöglich gewonnen werden.
Er könne - und dabei hebt er drohend den Zeigefinger der
rechten Hand - nur dringend raten, diese Klage zurückzuneh-
men, schon aus Kostengründen. Der Kläger wird immer kleiner, nach den Worten des Richters befürchtet er schon, völlig
verarmt nach Hause zu kommen, vielleicht läßt ihn der Richter

auch wegen Belästigung des Gerichts einsperren. Ängstlich
schaut er zu seinem Anwalt. Der nickt besänftigend mit dem
Kopf und lächelt leise, wobei er mit der Hand abwinkt.
Der Richter fragt nun den Kläger selbst, wobei er sich die
Einmischung des Anwalts verbittet: „Wollen Sie nicht die
Klage zurücknehmen? Überlegen Sie doch mal, es geht doch
nur um ein paar Mark?" Das hätte er nicht sagen sollen.
Der Kläger antwortet leise und sagt. Ihm versagt die Stimme:
„Aber ich will doch nur mein Recht." Da ist er bei dem Richter an den Richtigen geraten. „Hier bekommen Sie ein Urteil
und der Ausgang des Prozesses richtet sich nach der Beweis-
lage, bleiben Sie mir also mit „Recht" und „Recht haben"
weg." Unvermittelt wendet er sich plötzlich dem Beklagten
zu: „Und Sie, wollen Sie nicht den Klageanspruch anerken-
nen", bellt er los und überdeckt ihn mit einem Redeschwall,
aus dem sich ergibt, daß der Prozeß für ihn schon verloren ist.
Als er auch auf dieser Seite keinen positiven Widerhall findet,
lehnt er sich seufzend zurück und wendet sich an die beiden
Anwälte: "Wie wäre es mit einem Vergleich, ich schlage vor,
wir teilen die Klagesumme hälftig und jeder übernimmt die
hälftigen Kosten." Beide Anwälte flüstern mit ihren Mandanten, bitten nun um eine Pause und verlassen mit ihren Mandanten dann den Sitzungssaal, um ausführlich mit ihnen zu
sprechen.

Drinnen hat der Richter sodann die nächste Akte ergriffen und
verfährt nach der gleichen Art. Auch hier stößt er auf Widerstand, nur geht es beiden, Kläger und Beklagtem hier nicht
ums Recht, sondern um´s Prinzip. Das bringt den Richter aber
erst richtig in Rage, wie man bei einem Wert von 300,- DM
von Prinzip reden könne. Das sei völlig unsinnig. Abgesehen
davon, daß die Gerichte mit solchen Lapalien belastet würden,
es sei jede Entscheidung, die nicht mit einer Einigung ende,
Blödsinn.

Während er zur Belustigung der anwesenden Anwälte noch auf die vor ihm sitzenden Anwälte und deren Mandanten einredet, kommen die beiden Anwälte mit ihren Mandanten von draußen wieder herein. Der Richter unterbricht seine Rede und schaut interessiert hoch. „Na, sind Sie sich einig?"
„Ja und nein" sagt der Klagevertreter," es geht noch um die Kosten, eine hälftige Teilung können wir nicht akzeptieren".
„Na, das wäre ja noch schöner, wegen der paar Mark, so ein Theater! Jetzt fassen Sie sich ein Herz und zerschlagen die Konten". Nach eindringlichem Appell kommt es zu einem Abschluß. So ähnlich geht es auch in anderen Sachen. Ein Anwalt von hinten wendet sich an seinen Kollegen. " Haben Sie hier bei diesem Richter schon einmal ein Urteil erhalten?"
„Nein, ich nicht. Es läuft immer so ab wie jetzt."
So, nun haben Sie einen Einblick über die Prozeßführung des Richters - nennen wir Ihn G - wie Gerechtigkeit - und jetzt war er selbst Kläger. Auch hier ging es nur um eine Sache mit geringem Wert.

Die anwesenden Anwälte auf den Zuhörerbänken warteten gespannt auf den Beginn der Verhandlung. Nachdem die übliche Anfangsprozedur erledigt war - der Richter war nicht anwaltlich vertreten, sondern vertrat sich selbst – erklärte der Richter seinem Kollegen, warum er im Recht sei, warum gerade dieser Prozeß von erheblicher Bedeutung sei und zu seinen Gunsten entschieden werden müsse. Der die Verhandlung führende Richter machte, nachdem er auch die Gegenseite gehört hatte, den zaghaften Versuch, einen Vergleich zwischen beiden Parteien herbeizuführen, wobei er auf den geringen Streitwert hinwies: „Da kam er aber bei G an den Richtigen. „Was heißt hier geringer Streitwert? Es geht hier nicht um´s Geld, sondern um´s Prinzip. Recht muß Recht bleiben. Wo kämen wir hin, wenn jeder machen könnte, was er wollte." Die anwesenden Anwälte staunten und schüttelten lächelnd den Kopf... .

35.
Gleiches Recht für Eltern oder Eltern aller Länder vereinigt Euch!

Haben Sie auch erwachsene Kinder oder Kinder, die der Gesetzgeber als „volljährig" bezeichnet? Ich meine Ihre Zöglinge, die durchaus fähig sind, zu Wahlen zu gehen und zu wissen, wieviel Körperteile der Mensch hat und wofür man sie braucht? Die Beschaffung von Geld, frischer Wäsche bis hin zum Aussuchen und Bezahlen des Urlaubs bleibt großzügig Ihnen überlassen. Ihre eigene Mitbestimmung bezieht sich weder auf das Aussuchen des Partners der Kinder, der Wahl des Berufs und aller damit auch nur entfernt wirkenden Faktoren und Umstände. Nein, nicht daß wir uns hier falsch verstehen und Sie anhand der Überschrift des Artikels glauben, ich würde so vermessen, um nicht zu sagen umstürzlerisch sein, an den Grundfesten aller Eltern- Kind- Verhältnisse rütteln zu wollen und ein Anhörungsrecht der Eltern bei Berufs- und Partnerwahl propagieren, da seien Freud, Jung und Pestalozzi vor. Ich möchte nur für das in ferner Zukunft vielleicht ins Auge zu fassende Rechte der Eltern eintreten, daß sie ihre eigenen Angelegenheiten <u>selbst</u> regeln dürfen.

Nun, weiß ich, daß die Kinder von heute nicht nur sexuell weitaus mehr aufgeklärt sind als wir selbst. Ich wundere mich, wenn ich das bedenke, heute, wie wir überhaupt unsere Kinder bekommen haben, wo wir doch einen großen Teil unserer Jugend damit zubrachten, das Bienchen zum Bestäuben zu suchen und uns heute noch wundern, warum es Kinder gibt, obwohl der Klapperstorch doch weitgehend ausgestorben ist. Na ja, vielleicht hat der Bevölkerungsrückgang in unseren Breiten etwas damit zu tun!

Die Aufgeklärtheit der Kinder bringt es mit sich, daß sie sich in medizinischen Dingen und Verbraucherfragen besser auskennen. Sollte Ihnen vielleicht in nächster Zeit eine neue Pakkung Kondome von Ihren Kindern - getestet von der Stiftung Warentest - empfohlen oder geschenkt werden, tragen Sie es mit Fassung und einem gelassenen Schmunzeln.

Sie sind beim Umweltschutz, den Chancen des Internets oder den Gefahren von Technik viel besser informiert sind als wir. So können Sie uns zum Beispiel klarmachen, wie gefährlich es ist, Joghurt zu essen, der schon angeschimmelt ist, - Krebsgefahr - wenn auch sie es sind, die vergessen haben, den Joghurtbecher in den Kühlschrank zu stellen. Welche Gefahr von übervollen Mülleimern droht, ist nur dann klar, wenn damit nicht die Last verbunden ist, den Eimer ausleeren zu müssen.

Wenn Du Dich nicht wohl fühlst, Dein Bein weh tut, dann empfehlen die Kinder Dir, dringend einen Arzt aufzusuchen. Derartige Eingriffe in Ihre Privatsphäre darfst Du Dir als Vater oder Mutter aber nur unter Vorbehalt und in Ausnahmefällen leisten.

Es ist also nicht so, daß sich die Herren oder Damen Kinder nicht um Dich kümmern. Sie erklären Dir, was für Dich gesund ist, welche Speisen für Dich nicht in Betracht kommen. Trinkst Du mehr als zwei Bier in der Woche, argwöhnen Sie, daß Du sicher Alkoholiker seiest, zumindest aber kurz vor der Abhängigkeit stehst. Der Hinweis auf Bekannte und Freunde, die viel mehr trinken, zählt nicht.
Diese sind sowieso süchtig. Auch der Hinweis auf Italiener, Spanier, Portugiesen und Griechen und die Tatsache, daß diese Völker zu jedem Essen Rotwein und die Bayern Bier trinken, zählt nicht. Alle sind Säufer oder Gewohnheitstrinker.

Sportveranstaltungen sieht man als Vater im Fernsehen nicht an, Fußball ist sowieso blöd, d. h., das Sitzen vor der Glotze,

es sei denn, die Kinder sitzen selbst davor. Du kannst als Frau oder Mann auch nicht anziehen, was Du willst. „Ja, wie siehst Du denn aus, so kann man doch nirgends hingehen!"
Und erst, wenn Du Dich entsprechend umgezogen hast, lassen Dich Deine Kinder aus dem Haus gehen und auf die Menschheit los. Auch zum Friseur schicken Dich Deine Kinder. Wage Du, Ihnen aber zu sagen, Sie könnten ihre Haare besser frisieren. Gleich erklären sie Dir, sie würden sich nicht bevormunden lassen.

Wenn Du Dich anständig benimmst, darfst Du ab und zu, wenn die Kinder nicht Einspruch erheben, das Fernsehprogramm für eine halbe Stunde bestimmen.
Wenn Du eine klassische Platte oder CD auflegst, dauert der Genuß höchstens drei Minuten. Dann ist Schluß, danach muß Du Dich wieder mit der neuesten Popmusik beschäftigen oder mittanzen. Im Gegensatz zu der klassischen Musik hat dabei niemand Bedenken, daß man bei größerer Lautstärke etwas mit den „Ohren" bekommt.
Wenn Du Glück hast, versuchen Deine Sprößlinge nicht, die Wohnung umzugestalten. Sie könnten Dir erklären, daß das Bild, was Schwiegermutter geschenkt oder Tante Heide vererbt hat, abscheulich ist und weg muß. Auch die Vase aus Rom, beim Trödler erstanden, soll weg.

Schließlich gibt es einen ganz besonderen Streit, ob bei den Eltern dauernd ein sog. "Haus der offenen Tür" herrscht oder die Kinder allein oder in Begleitung kommen können, wann sie wollen oder nicht. Wenn das nicht geregelt ist, wachst Du nachts plötzlich schweißgebadet auf, denn Du denkst, es könnten Einbrecher im Haus sein, dabei ist eines Deiner Kinder gekommen und hat gerade seine Dreckwäsche nachts um 2 Uhr in die Waschmaschine geworfen.
Manchen Eltern - so habe ich mir sagen lassen - haben schon einen Schreck bekommen, als sie von einer Urlaubsreise nach

Hause kamen und die Ehebetten durch wildfremde Pärchen belegt waren, der beste Whiskey ausgetrunken und der Weinkeller geplündert war.

Leisten Sie sich nur nicht solche Eskapaden bei Ihren Kindern und kommen unangemeldet zu Ihnen. Das wäre eine absolute Einmischung.

<u>Deshalb fordere ich:</u>

Solidarisierung der Eltern!
Wir fordern gleiche Rechte für die Eltern wie die Kinder!

36.
Die Einfuhr von Schmetterlingen

Nein, Sie haben Unrecht. Es geht nicht darum, wie man einen lebenden Schmetterling nach Deutschland einführt, den man vielleicht auf einer Bergwiese in Österreich oder der Schweiz unter großen Anstrengungen mit einem Schmetterlingsnetz gefangen hat und nun in einem Marmeladenglas über die bayerische Grenze bringen will.

Hier haben wir es mit einer 60 Jahre alten Schmetterlingssammlung zu tun, die ein begeisterter Schmetterlingssammler aufgrund einer Annonce des Fachorgans „Der Schmetterlingssammler in Österreich", besser gesagt Kärnten, erworben hatte. Wo das Problem liegt, fragen Sie. Ja, das werden Sie gleich erleben.

Unser Freund war aufgrund der Anzeige nach Kärnten gefahren und hatte dort nach längeren Verhandlungen mit der über 80jährigen Witwe eines vor kurzem verstorbenen Schmetterlingsfreundes zu einem annehmbaren Preis diese Sammlung einiger seltener Exemplare erworben, die der Verstorbene in den dreißiger Jahren seines Lebens selbst zusammengetragen hatte. Selten waren die Exemplare deshalb, weil manche der Arten heute bereits in Mitteleuropa, teilweise auch in Osteuropa, ausgestorben waren.

Da unser deutscher Schmetterlingssammler ein rechtschaffener Mann ist und noch nie mit dem Gesetz und Behörden, geschweige denn mit dem Gericht zu tun gehabt hatte, wollte er auch hier alles recht machen und ging zur örtlichen Polizei in Österreich und erkundigte sich, ob er für die Ausfuhr aus Österreich irgendwelche Genehmigungen brauche.
Dies wurde freundlich verneint und der Schmetterlingsfreund aus Deutschland machte sich auf den Heimweg, nachdem er

vor seiner Fahrt nach Österreich schon bei dem zuständigen Hauptzollamt in Frankfurt, seinem Wohnort, erfahren hatte, daß die Einfuhr der Schmetterlinge zoll- und Genehmigungsfrei sein würde.

Er fuhr also mit seinem VW-Transit, voll beladen mit Schaukästen von aufgespießten, schön präparierten Schmetterlingen über Salzburg und Bayern. Die österreichischen Zoll- und Grenzschutzbeamten interessierten sich nicht für ihn, sein Auto und den Inhalt und winkten ihn durch. Auf bayerischer Seite wurde er gestoppt, mußte er seinen Ausweis und die Fahrzeugpapiere zeigen und der Beamte fragte ihn, ob er etwas zu verzollen habe. Dies verneinte er - wie er meinte wahrheitsgemäß - und damit begann der Vorgang.

Die Schaukästen mit Schmetterlingen waren nicht zu übersehen und ihm wurde mit eiserner Miene bedeutet, er solle seinen Wagen auf dem Platz neben der Zolldienststelle abstellen und dann in das Zimmer 31 kommen. Ein anderer wichtig aussehender Beamter ließ sich dann, als er seinen Wagen abgestellt hatte, die Fahrzeugschlüssel geben und räumte alle Schaukästen auf einen Rollwagen, den er von dem naheliegenden Gebäude geholt hatte.

Dies tat der Schmetterlingssammler auch. Nachdem er auf sein Klopfen und einem kurzem „Herein" eingetreten war, erklärte einer der Beamten- es war der gleiche, der ihn aufgefordert hatte, in das Dienstzimmer zu kommen, er solle sich auf die Holzbank setzen, er werde gleich aufgerufen werden. Nach kurzer Zeit, der Beamte hatte ein Formular ausgefüllt und Daten aus dem Führerschein, dem Paß und den Fahrzeugpapieren des Schmetterlingssammlers zusammen, stand er auf und rief den Schmetterlingsführer zu sich. Gleichzeitig rief er einen Kollegen, der auch sogleich aus einem Nebenraum

herbeikam. Also begann der Erste:„Heben Sie mal die Arme"
und der Schmetterlingsfreund wußte nicht, was geschah.
Der Zweite tastete ihn von oben bis unten ab und sagte dann
zu ihm: „Machen Sie mal die Hosentaschen leer!"
Der Schmetterlingssammler folgte der Aufforderung, legte
sein Taschentuch, Schlüssel und Geldbörse vor sich auf den
Tisch und fragte dann: „Was soll denn das?" „Sie haben eine
Ladung von Waren eingeführt, die auch nach dem Abkommen
zum Schutz bedrohter Tierarten nicht eingeführt werden darf.
Das ist strafbar. Wo wohnen Sie? Woher haben Sie die Kästen?" Die Fragen prasselten nur so auf den völlig verdattert
dastehenden Schmetterlingsfreund. „Aber", begann er,"ich
habe die Schmetterlinge doch ordnungsgemäß in Österreich
aus einem Nachlaß gekauft." „Haben Sie eine Quittung?",
fragte der erste Beamte. „ Ja sicher, ich kann Sie holen, sie ist
im Handschuhfach des Wagens." „Bleiben Sie hier? Wir holen
sie." Nach kurzer Zeit kam er wieder, er hatte mehrere Zettel
in der Hand, die er studierte. Es handelte sich offensichtlich
um die Liste der Schmetterlinge bzw. der Schaukästen.
Der Beamte wurde etwas freundlicher, offensichtlich glaubte
er nun nicht mehr, daß die Kästen gestohlen waren. Dennoch
gab er einem Kollegen den Auftrag, bei der Telefonnummer X
anzurufen, die auf dem Briefkopf der Liste angegeben war.

Nach kurzer Zeit kam dieser Beamte zurück und sagte:
„Das scheint in Ordnung zu sein, Chef, die Frau, die ich am
Telefon hatte, hat bestätigt, daß er", er deutete auf den
Schmetterlingsfreund, "die Kästen bei ihr gekauft hat und daß
es sich um Schmetterlinge handelt, die ihr Mann vor ca. 60
Jahren gesammelt hat". „Gut, geklaut sind sie nicht, aber
deswegen hätten Sie sie doch nicht einführen dürfen. Zunächst
haben Sie die Waren verschwiegen und deswegen versucht,
sie dem Zoll zu hinterziehen. Das ist strafbar, außerdem ist es
verboten, Tiere einzuführen, die unter das Artenschutzabkommen fallen. Was haben Sie dazu zu sagen?"

„Ich habe mich extra in Deutschland beim Hauptzollamt und beim "österreichischen Oberbürgermeisteramt" erkundigt. Man hat mir überall gesagt, die Schmetterlinge seien zollfrei und fielen auch nicht unter das Artenschutzabkommen, weil sie tot und präpariert seien und vor 60 Jahren in Österreich gefangen worden seien." Der erste Beamte hörte nicht weiter zu, sondern verschwand im Nebenzimmer, es geschah lange nichts. Nach einer guten halben Stunde kam er endlich wieder, er war wieder ruhiger. „Einen festen Wohnsitz haben Sie ja, also eigentlich müßte man Sie hinter Gitter stecken.
Ich habe jetzt mit allen möglichen Dienststellen telefoniert. Die Schmetterlinge sind zunächst beschlagnahmt. Eine Quittung bekommen Sie, sie wird gerade geschrieben."
„Und wann bekomme ich die Schmetterlinge wieder, ich habe sie doch ordnungsgemäß gekauft?" fragte der Schmetterlingsfreund."" Darauf würde ich nicht spekulieren", sagte der zweite Beamte, der ins Zimmer trat. "Seien Sie froh, wenn Sie kein Strafverfahren bekommen." "Und wie geht es jetzt weiter?", fragte der Schmetterlingssammler. „Sie können nach Hause fahren. Die Schmetterlinge bleiben hier. Alles weitere bekommen Sie schriftlich mitgeteilt."

Der Schmetterlingsfreund fuhr verwirrt nach Hause und wartete sechs Wochen auf ein Zeichen. Nach fast acht Wochen bekam er einen Gerichtsbescheid, wonach er eine Geldstrafe von 2.000,- DM zahlen solle, weil er illegal lebende Tiere nach Deutschland geführt habe. Während e noch grübelte, welch´ lebende Tiere er nach Deutschland gebracht haben könnte, brachte der Postbote am Nachmittag noch zwei Einschreibebriefe. Mit einem teilte ihm eine Behörde aus Eschborn, die für Außenhandel und ähnliches zuständig war, mit, sie sei nunmehr im Besitz von 258 Schaukästen mit Schmetterlingen, deren Einfuhr verboten sei.
Sie beabsichtigten aus Hygienegründen und weil die Einfuhr nach Deutschland ohne Einfuhrgenehmigung erfolgt sei, diese

der Vernichtung zuzuführen. Der zweite Brief war ein Schreiben des Senckenbergischen Instituts in Frankfurt. Aus diesem ergab sich, daß es sich bei den etwa 260 Exemplaren der Schmetterlinge um Raritäten handeln würde. Aus diesem Grund würde das Institut, falls er die Schmetterlinge nicht freiwillig herausgeben würde, diese beschlagnahmen lassen, um sie zum Wohl des deutschen Volkes - so ähnlich jedenfalls hatte er das Schreiben aufgefaßt - der Sammlung des Instituts einverleiben.

Diese drei Schreiben waren zu viel für den Schmetterlingssammler. Er wandte sich hilfesuchend an einen Anwalt, der, nachdem er nach geraumer Zeit endlich alle Einzelheiten verstanden hatte, mit allen drei Stellen in Verhandlung trat. Zunächst konnte er in langen Gesprächen mit einigen Schreiben klarmachen, daß der Schmetterlingsfreund keine lebenden Tiere eingeführt hatte, er in gutem Glauben gehandelt hatte, und auch die Rechtslage nicht eindeutig war, so daß das Strafverfahren eingestellt wurde. Die Verhandlungen mit den beiden staatlichen Stellen gestalteten sich viel schwieriger. Das Amt in Eschborn erklärte schließlich, es werde von der Anordnung der Vernichtung Abstand nehmen, wenn der Schmetterlingsfänger innerhalb von einem Monat vom zuständigen deutschen Zollamt eine Einfuhrgenehmigung vorlegen würde.

Daraufhin setzte sich der Anwalt mit dem zuständigen deutschen Zollamt in Verbindung. Dort erklärte man ihm, einer Einfuhrgenehmigung stehe nichts im Wege, wenn er eine österreichische Ausfuhrgenehmigung vorlegen könne. Das zuständige Zollamt in Salzburg teilte nach schriftlichem Ersuchen - es waren jetzt schon 3 1/2 Wochen vergangen - mit, daß man habe die Angelegenheit nach Wien abgegeben habe, da es sich möglicherweise um österreichische Kulturgüter handele. Von dort werde man eine Antwort abwarten.

Nach weiteren 3 Wochen - das Amt in Eschborn hatte eine Fristverlängerung gewährt - kam aus Wien der Bescheid, man könne nur dann einen Bescheid erteilen, wenn die Gegenstände wieder nach Österreich gebracht werden. Gleichzeitig wurde mitgeteilt, daß man nicht garantieren könne, ob ein „erneutes Verbringen ins Ausland" gestattet werde. Eine Anfrage in Eschborn ergab, daß eine Ausfuhr der Waren, für die keine Einfuhrgenehmigung vorliege, erst gestattet werden könne, wenn die Ausfuhrgenehmigung von Österreich für die erste Ausfuhr und die Einfuhrgenehmigung vorliege.

Der inzwischen vorgenommene Kontakt mit dem Senckenbergischen Institut in Frankfurt ergab, daß die Schmetterlinge - falls alle Genehmigungen vorliegen würden - in jedem Fall beschlagnahmt werden würden. Das Argument, daß dem Schmetterlingsfreund doch wohl nicht daran gelegen sein könne, nach der Zahlung des Kaufpreises und den - wie er inzwischen erfahren hatte - vermutlich erheblichen Kosten für die Genehmigungen und dazu jeweils erforderlichen Sachverständigengutachten, die kompliziertesten und zeitraubendsten Prozeduren auf sich zu nehmen, um dann die begehrten Objekte an eine staatliche Behörde übergeben zu müssen, stimmte die Mitarbeiter nicht um. Man erklärte seinem Anwalt sogar, man würde, wenn sein Mandant nicht alles tun würde, damit das Institut in den Besitz der Schmetterlinge gelangen könne, auf dem Ordnungswidrigkeitenweg und zivilrechtlich gegen ihn vorgehen.

Das brachte den Schmetterlingssammler völlig aus dem Konzept. Weitere Nachforschungen in Wien ergaben - falls die Schmetterlinge nach Österreich verbracht werden, was die deutschen Behörden ja nicht erlaubten, - daß die Kosten für Begutachtung und Genehmigung mehr als doppelt des Kaufpreises für die Schmetterlinge betragen würden.

Er beschloß daraufhin zusammen mit seinen Anwalt, nichts mehr zu tun.

Nach drei Jahren dachte man schon nicht mehr an den Vorfall. Da bekam er plötzlich 5 Kästen mit Schmetterlingen per Post zugesandt. Ein Schreiben lag nicht bei. Zu seiner Überraschung waren es gerade die 258 Schmetterlinge, die das Frankfurter Institut als Raritäten bezeichnet hatte.

Auf den Rat seines Anwalts hat er die Sache auf sich beruhen lassen.

37.
„Mir is scho´ widder so"

Sexualität ist zweifellos schön. Zu wenig ist in einer Ehe wohl nicht gut, zu viel aber wohl auch nicht. Das zeigt ein Ehefall, der im Zentrum dieser Erzählung steht.
Die Beteiligten kenne ich selbst nicht, d. h., ich habe sie erst anläßlich der Ehescheidung im Gerichtssaal kennengelernt.

Zunächst war an dem Scheidungsprozeß nichts Besonderes. Die Ehefrau klagte auf Scheidung, vertreten durch einen älteren, mit seinem weißen Haar würdig aussehenden Anwalt. Auch der Ehemann und sein Rechtsanwalt machten einen seriösen Eindruck. Nachdem die Namen und sonstigen Formalien vom Gericht festgestellt worden waren, kam das Gericht auf den Grund der Scheidung zu sprechen.

Und der war eigentlich schon etwas ungewöhnlich. „Also", begann der Vorsitzende des Gerichtes zur Ehefrau gewandt, „Sie wollen sich scheiden lassen und, wenn ich die Klageschrift richtig gelesen habe, nicht deshalb, weil sie durch Ihren Ehemann vernachlässigt werden, sondern weil Sie von ihm sexuell zu sehr in Anspruch genommen worden sind." „Ja, das stimmt in etwa." „Vielleicht können Sie das etwas genauer schildern. Offensichtlich lieben Sie doch ihren Mann?" „Ja, richtig."
Ihr Anwalt ermunterte sie. Die selbst etwa 50-jährige korpulente Frau sagte:
„Es ist immer das Gleiche, er will immer Sex. Das geht nach dem Aufstehen los, bevor er von Bad Homburg nach Frankfurt ins Büro fährt und weiter, wenn er abends um 18 Uhr nach Hause kommt. Ab und zu noch mal vor dem Schlafengehen."
„Ja, und Sie", fragte der Richter interessiert. „Am Anfang, vor 4-5 Jahren, fand ich das ja ganz schön, vor allem, weil

meine Freundinnen meinten, bei Ihnen zu Hause sei nicht viel
los. Jetzt nimmt das aber Überhand".
„Weshalb", fragte ihr Vertreter und der ganze Zuhörerraum
wartete gespannt mit den Richtern vorn, der Protokollführerin
und den zur Ausbildung abgestellten Referendaren auf ihre
Antwort.

„Ja, jetzt kommt er manchmal auch noch mittags zwischen
13.00 und 15.00 Uhr zu Hause vorbei, weil er in die Zweig-
stelle in Bad Homburg versetzt ist und in dieser Zeit seine
Mittagspause hat. Und dann will er auch, daß ich mit ihm
schlafe." „Ja und Sie, sie machen mit", fragte der Vorsitzende.
„Aber Herr Richter, das muß ich doch. So steht es doch in der
Bibel." „Es ist ja auch nicht unangenehm", meinte die Klägerin. „Aber, Herr Richter, die Hausarbeit; es bleibt doch alles
liegen. Ich komme zu nichts. Ganz schlimm ist es im Urlaub,
so wie dieses Jahr. Wir kommen aus dem Bett gar nicht mehr
heraus. Wer soll einkaufen gehen und aufräumen?"
Der Richter schaute zu seinen Kollegen und dann zu den
ebenso ratlos wirkenden Anwälten im Zuhörerraum, die belu-
stigt auf ihre Prozesse warteten.

Der Richter schien sich zu einer Entscheidung durchgerungen
zu haben.
Er wandte sich an den Ehemann, ein eher spirrliges Männchen: „ Stimmt das, was Ihre Frau uns da erzählte?" Der
Richter versuchte, seiner Stimme einen strengen Ton zu geben, konnte aber das Lachen kaum verbeißen. „ Ja, das ist
richtig", begann der Ehemann, der das „R" rrrichtig rrrrollte
und offensichtlich aus Oberhessen stammte.
„ Ist das alles, was Sie dazu zu sagen haben. Denken Sie doch
einmal an Ihre Frau. Sie können Sie doch nicht so strapazie-
ren!" Er schaute weder die Ehefrau noch ihren Mann an, sondern hielt die Akte hoch, als wenn er etwas dort nachsehen
wollte. Irgendwo im Saal gluckste etwas oder jemand. Es ge-

lang auch kaum jemandem, das Lachen zu verkneifen, wenn
man die beiden Gestalten musterte, die neben ihren Anwälten
standen.

Es war schon ein seltsames Bild, daß das Pärchen abgab. Eine
große, fast mächtige Frau, die von ihrem kleinen, fast knochig
wirkenden Mann so sehr beansprucht worden sein sollte.
„ Ja", meinte der Ehemann, „ich weiß auch nicht, es kommt
so über mich und da kann ich mich net mehr bremse, aberrr
wenn Sie es sage, Herr Richter, will ich mich bessern!"
„ Das hat er schon öfter versprochen und gestern abend hörte
es auch die ganze Nacht nicht auf. Wir mußten vorhin auf dem
Weg hierher noch mal halten und es machen. Es war ihm
schon wieder so zumute."
„Was haben Sie dazu zu sagen", fragte der Vorsitzende.
„Meine Fraa hat rrrecht und wisse Se, Herr Richter, mir is
scho widderrr so".

Die Sitzung wurde vertagt.
Der Schluß der Verhandlung ging im tumultartigen Gelächter
unter.

38.
Hemmingway oder Wodka-Lemon

Wenn Sie Hemmingway- Fan sind, dann haben Sie sich sicher gefragt, warum er Daiquiri- Liebhaber geworden ist.
Das gleiche gilt für prominente Whiskeytrinker, Wein-, Bier- oder Sekttrinker. Und hier ist die Wahrheit so, wie sie sich mir darstellt.

Nach einem guten Abendessen ist es auf den kanarischen Inseln unter Freunden üblich, zum Abschluß noch eine „Copa" zu trinken. An einem dieser Abende - ich wußte nicht, was ich trinken sollte - bestellte ich bei Juan einen Wodka-Lemon. Das nächste Mal, wir saßen zusammen, bestellte jeder zum Abschluß des Abends sein Getränk. Wir waren auf dem Land essen gewesen, ich wußte wieder nicht, was ich trinken sollte. Ich kam wieder zum Wodka-Lemon. Das dritte Mal stellte mir Juan schon einen Wodka-Lemon hin, ohne daß ich zu überlegen brauchte. Es gab auch ein viertes und fünftes Mal. Beim vierten Mal fragte ich beim Bestellen - ich wollte eigentlich ein Bier, fühlte mich aber nach dem reichlichen Essen zu voll. Wir hatten verschiedene Vorspeisen, Pimientos in Salz und Öl gebraten, Gambas in Blätterteig, Käse, Wurst des Landes, überbackene Muscheln, kleine Krabben in Knoblauch und gefüllte Kartoffeln gekostet.
Dazu gab es Brot, Knoblauchbutter, kühlen Landwein, als Hauptgericht zunächst Connejo (Kaninchen) oder Lenguado (Seezunge) und als Postres eine Auswahl des Angebots.
Ich grübelte so vor mich hin, da meinte Juan, ein Wodka-Lemon sei doch etwas Gutes. Und gesagt, getan, es war wieder ein Wodka-Lemon. Vorgestern waren wir in einer Bar bei Jose und was stellte er mir auf den Tresen, einen Wodka-Lemon.

Nein, ich bekomme keine Tantiemen von einer Wodka- Firma oder einem Unternehmen, das Zitronensaft herstellt. Abgesehen davon, daß viele in meiner Gesellschaft jetzt schon Wodka-Lemon trinken, fragen die Propretarios der einzelnen Bars und Pinten bei Drinks schon nicht mehr, was ich für einen Drink nehme, sie bringen mir automatisch einen Wodka-Lemon.

Nun, habe ich in den Bars den Ruf, Wodka Lemon zu trinken. Das gilt nicht für´s Essen, von dem man nach mehrmaligem Besuch weiß, welche Art Wein ich dazu mag und daß ich zu den Postres einen rabenschwarzen Café, eine Crema Catalana, einen Melocoton, notfalls auch einen Platano auf Eis trinke.

So, und was hat das Ganze mit Hemmingway zu tun?
Das liegt doch auf der Hand. Alle Gastwirte, die ihn schätzten, servierten ihm sein angebliches Lieblingsgetränk, auch wenn er es vielleicht die ersten Male aus Verlegenheit getrunken hat. Daraus ergab sich eine Art Gewohnheit, schließlich wurde das Getränk zum Statussymbol für ihn. Das Gleiche gilt für den Strohhut von Gauguin, die Zigarre von Churchill, das Gerücht von Goethe als Schürzenjäger.

Hat man einen Ruf, muß man ihm treu bleiben. Alle, die Dich kennen oder kennenlernen wollen, wären enttäuscht, wenn Du dem Ruf nicht gerecht würdest und Du Dich anders verhalten würdest.